女たちの「謀叛」

仏典に仕込まれたインドの差別

落合誓子
Ochiai Seiko

補論
「王舎城の悲劇」は、なぜ起きたのか？　伊勢谷 功
真俗二諦について　比後 孝

解放出版社

装丁◉森本良成

はじめに　仏教の原罪

私は、自分は「七〇年代のウーマンリブ」だと思ってきた。女性解放の運動にふれて初めて、自分は何者になろうとしているのかを知ったという想いがある。

以来、仏教徒としての自分と、女性解放運動（フェミニズム）の担い手としての自分とのあいだで、書き手としての立場を紡いできたと思っている。

二〇一一年といえば、あの「東日本大震災」のあった年、福島原発が大事故を起こした年だ。その年の一二月九日、北陸中日新聞の以下の記事が目に止まった。以来、何度となく読み返している。上野千鶴子《うえのちづこ》（東京大学名誉教授。社会学・女性学）のインタビュー記事である。

彼女は、事故後の九月一九日、反原発デモに参加したが、デモは四〇年ぶりだったという話を冒頭に、学生運動を経験した六八年世代のいまを語るなかで、次のように述べている。

脱原発にかじを切ったドイツでは、環境歴史家のラートカウ氏が「反原発運動の闘士は、自分たちは『負け組』だと思っていたが、彼らはどうやら勝利した」と運動を振り返っています。しかし日本では原発反対派は成功できなかった。

ラートカウ氏はドイツでの運動の成功の要因に市民の抗議やメディア、政治、行政、司法、学問の相互作業を挙げています。一方で日本では、住民が抗議しても相互作用がほとんど展開されていないと比較している。

ドイツでは六八年世代が緑の党をつくり、政治権力の中枢に入っていきました。しかし日本では、この世代の市民政治家といえば菅直人さんだけ。それもあっという間にこけた。六八年世代は政治権力の中枢に入ることに失敗しました。

私が長年にわたってかかわってきたフェミニズムの運動もまた、日本をそれほど変えられなかったという思いがあります。

彼女は一世を風靡《ふうび》した「女性学」の大御所である。一九七〇年代の私たちのウーマンリブという潮流をつかみ、だれでも手軽に接することのできる「ジェンダー問題」として大衆化させた旗手のひとりだ。その彼女に「フェミニズムの運動は大衆の課題とならずに、頭の上を通り過ぎただけ」という現実を突きつけたものは何なのか。

私には思い当たってなお余りあると思える。

「その責任の一端が仏教にあると思えてならない」といえば、あまりに突飛に聞こえるだろうか。


いま、「自分は仏教徒」と自ら名乗りをあげる人はあまりいないかもしれない。しかし、私たちの生活をかたどるすべての価値観のなかに、本人の自覚はなくとも、仏教の考え方が紛れ込んでいるかもしれない、といわれたら、即座に否定できる人はあまりいないと思う。そんな感覚の根っこをたどってみる。


少なくとも現代ではない。近代でもない。では……きっとそれ以前であることは、おぼろげにわかる。しかし、どこまでさかのぼれるかと考えると、なかなか答えが出ない。

江戸時代の「寺請《てらうけ》制度」がだめ押しだったかもしれないとも思う。徳川幕府が日本じゅうのすべての家をどこかの寺の檀家《だんか》として登録させ、寺に生き死にを管理させ、通行手形を出させたりしたことは、歴史の教科書にも載っている。

そのなかでは、寺は為政者の手先として機能した。寺に逆らえば、キリシタンの嫌疑をかけられたり、村八分にされたり……。民衆にとっては、仏教は否応なく押し付けられる価値観だった。しかしそれは、逆に仏教にとっても、とても不都合なことだったと思う。徳川幕府に手厚く保護され、権限を与えられたことと引き換えに、幕府という為政者にとって都合の悪いことは厳しくチェックされ、教えの内実まで変えられてしまったのだ。

いまの私たちは、約八〇〇年前の仏教各派の祖師方の書かれたものを実際に読むことができる。しかし、そこで出会う方々のもつ雰囲気と実際の寺はあまりにもかけ離れている。仏法に深く親しめば親しむほど、その距離感に悩まされる。そのあたりのことをもう少し丁寧に話す必要があるかもしれない。

◉日本で仏教が出合った試練

寺に生まれた私は、生まれたときから家には「仏教」が存在していた。しかし、私はいつのころからか、その内実に不審をいだくようになった。なぜだろうか。そのなぜを解く前に、まず私たちの手に仏教がたどり着いた歴史をたどってみたい。

私たちの真宗大谷派という教団は、「親鸞《しんらん》」という鎌倉時代の僧を宗祖とする。釈迦《しゃか》から現在まで約三〇〇〇年（諸説あり）。インドから中国を経由して、さまざまな政治状況に翻弄されながら、仏教は日本に流れ着いた。以来、仏教は国家の支配のための道具、つまり、「鎮護国家」のためにマジカルな力を発揮する「船来の祝詞《のりと》」として利用されつづけてきた。ちなみに、僧が「国よ泰《やす》らかなれ」と祈るための専門職として国から僧の資格（度牒《どちょう》）を授与されたばかりか、国家公務員として身分を保証されつづけてきたことは、ちょっと歴史に関心があれば、だれでも理解することはできる。

その奇妙な仏教に、さらに儀式化という味付けをして、曲がりなりにも「日本式の仏教」をかたちづくったのが、天台宗の開祖・最澄《さいちょう》や真言宗の開祖・空海《くうかい》だった。鎮護国家を祈るという本業のかたわらで、僧である自分自身が「悟りを開く」ために修行をするという本来の姿が初めて登場するのである。

救済の対象となるのはあくまでも、社会を動かす天皇や貴族、それと、それらにまつわる家系を出自とする選ばれた人々に限られていた。もちろん、僧となることができるのも同じである。生産や商いに携わる普通の人は門を叩《たた》くことさえできないのが寺であり、また僧という身分であったのだ。

「修業を重ねた」僧は、磨きをかけたそのマジカルな力で国のために祈るという国家公務員としての立場こそ、本業でありつづけたのである。

すべての人々の救済という、信仰としては当然の課題を獲得するのは、鎌倉仏教の祖師方まで待たなければならない。私どもの開祖・親鸞もその一人である。

その間、いわば国家公務員であるプロ集団の占有物であった仏教の歴史の片隅で、国家公務員ではない僧（私度僧《しどそう》）の歴史が実は細々と続いていた。国の許可なく勝手に僧になった人々、いわば「里の聖《ひじり》」ともいうべき人たちである。奈良時代に黙々と土木事業を施しつづけた「行基《ぎょうき》」がとくに有名だが、鎌倉時代になってようやく、比叡山《ひえいざん》を捨てた僧たちが自らを里の聖たちの流れに投じるかたちで新しい仏教を開いていく。一人ひとりの人間を生活の現場で救済するという本来の姿が、日本の仏教に育ちはじめ、庶民の根底にある不安や不審に直接答えるかたちで広がっていったのだ。

仏教伝来から数えておよそ六〇〇年、やっとたどり着いた釈迦の仏教の日本における出発点であったと私は思う。

ようやく大衆社会に目を向けた鎌倉仏教の祖師方の功績が、時を経て、たとえば室町時代の「一向一揆《いっこういっき》」のように、民衆の力となって社会に影響を与えはじめた矢先に、江戸時代というわば軍事政権（武家政権）に突入したのである。

江戸時代とは、世界に稀《まれ》な「平和な軍事政権」であった。それが三〇〇年も続いたのだ。「平和な軍事政権」とは奇妙な表現である。戦うことを職業とする軍人（武士）が国家を運営するのに平和であるわけはない。それが三〇〇年も戦わなかったのだから不思議な国である。しかし、それはいいかえれば、台頭する敵を強権で押さえつけ、歯向かう勢力をつくらなかったということにほかならない。

力でもって平和を維持する。どこかで聞いたような話だが、ある種の為政者にとっては「この上ない憧れの社会」であるのかもしれない。狭い島国であったからこそ実現したのだと思う。しかしそれでも、そんな社会は簡単には維持できない。自由にものを考える力も、新しい思想の芽も摘み、すでにあるもののなかで危険なものはしっかり管理して、変質させてしまわなければならないばかりか、さまざまな国と交流することも禁止しなければ実現しえない社会である。徹底的に徳川幕府に管理された社会だったといえるだろう。

私たちは、そんな平和な三〇〇年の歴史をもった民族だ。しかしそのことによって、仏教はすっかりつくりかえられてしまった。仏教各宗にとっても、その信者である私たちの先達にとっても、そういう意味では不幸な歴史であったというしかない。

明治時代に入って日本は長い鎖国から脱した。しかし、仏教各派はまた試練にぶつかった。それは、「新たに出現した明治政府」が国家神道を中心に据えて国家づくりをしたため、それによってできた枠組みのなかへ、教義とは無関係に等しく放り込まれてしまったからだ。

そんななかで、仏教各派は近代という時代とどう折り合いをつけてきただろうか。

私たちの教団には「清沢満之《きよざわまんし》」（後述）という指導者が出現した。日本に入ってきたばかりの（キリスト教を母体とした）ヨーロッパ哲学によって開かれた概念を使って、釈迦や親鸞の教えの内実に迫ったのだ。そのおかげで、戦後に生まれた私でも、親鸞の教えの中身をそれなりに理解することができた。

しかし、そんなことはしっかり承知したうえで、それでもなお否応なく、現代の課題のなかで生きざるをえない私たちにとっては、拭い去れない違和感があると私は思っている。

◉日本人の考え方の根底にある「仏教」的な価値観

この問いにきちんと答えを出すことは大切なことだと思う。仏教に関心のない人も無関係でいられる話ではない。上野千鶴子は「仏教には無縁」と本人も言っている。しかし、そんな彼女も、ブームとしてしか女の問題を語れなかったかもしれない、という敗北感が行間ににじんでいる。もちろん、彼女やそれ以前に声をあげたたくさんの女たち、私自身が直接に会って話を聞いた先輩や同時代に生きたリブの女たちの働きのすべてが徒労だったはずはない。

上野千鶴子も、もし彼女がいなかったら、いまの女性の地位はなかったかもしれないとさえ思う。が、しかし、日本人の根っこの部分を揺さぶり、火を付けるまでにはいたらなかったという彼女の述懐は、とても誠実な気持ちだろうと私は思っている。

たしかに女性の地位は著しく向上したと思う。それなのに、敗北感ともいうべき虚《むな》しさが残るのはなぜか。それは、日本人のものの考え方の根っこを揺さぶるまでにはいたらなかったことを肌で感じているからだろう。たぶん、そのことと、いまもなお巷《ちまた》に広がる仏教的なものの考え方の根強さとは深い関係があると思う。「私は仏教には関心がない」と無関心を決め込んだ人でも、ものの考え方の根底に植えつけられた、その根っこの部分に仏教的なものの見方がないと言い切れるのかどうか。私の場合は明らかに、そんな仏教の価値観が私を生きにくくしつづけていたと思う。

寺に育った私を「疎外しつづけてきたもの」と、「自分は仏教とは無関係」と感じている人の「どことない居心地の悪さ」が同質のものであることを確認することは大切なことだと思う。この本は、その居心地の悪さの理由を解き明かしつつ、それが単に私だけの問題ではなく、日本という精神風土に育ったすべての人の生きにくさや違和感とどこかでつながっているのではないかという問いを明らかにしていくことをめざしている。

私の場合、その居心地の悪さをしつこく追求しつづけてきた結果、見えてきた世界があった。それは逆に、釈尊《しゃくそん》や親鸞の実像に近づくことだったといえば驚くだろうか。「仏教的なものの考え方」と理解させられてきたものが、逆に釈尊や親鸞の実像を遠ざけるものだったということに、ほぼ独学でたどり着いたとき、私の前に立ち現れた釈尊や親鸞の姿がとても清々しく、生き生きと見えてきたのだ。そのことを読んでくださる方々に伝えられたらと思っている。

私が属しているのは、東本願寺を本山とする真宗大谷派である。鎌倉仏教の祖師方の一人である親鸞を宗祖とする。したがって、主にその立場から展開したいと思う。

女たちの「謀叛」——仏典に仕込まれたインドの差別●もくじ

真俗二諦について——比後 孝 238

プロローグ　スジャータを訪ねて

父の死を縁にして私はインドを旅した。三〇年近くも前の話である。「一度、インドへ行きたい」と言いながら、ご縁のなかった父の想いを受けて、仏跡を回ろうと思い立ったのだ。

そのとき、私にはもうひとつの目的があった。釈迦の悟りの地「ブッダガヤ」へ行ってみたかったのである。

◉スジャータはどんな娘だったのか

釈迦が、ブッダガヤの菩提樹《ぼだいじゅ》の下で長い瞑想《めいそう》の末に悟りを開いたという話は、あまりに有名な物語だが、その瞑想に入る前に、仏伝には必ず出てくる話がある。

釈迦は釈迦族の国の王子で、ゴータマ・シッダールタという。二九歳の年に一族の反対を押し切って、妻も子もある身でありながら、家族を捨てて国を出た。

仏伝は、「蝶《ちょう》よ花よ」と育った深窓の王子シッダールタがあるとき、城の三つの門からたまたま外へ出て、偶然にもそれぞれの門で老人・病人・死人に出会ったことから、人生が変わったことを伝えている。

彼は苦というものを初めて知る。「人生そのもの」ともいうべき逃れられない苦の現実を初めて見たシッダールタ青年は、深く傷ついた。実際の彼には何不自由ない自分の暮らしがある。しかし、老も病も死も自分とは無関係と思うことなどできなかった。いずれはきっと自分にもそんな日がやってくるはずである。思い巡らせば、シッダールタは母を知らなかった。母は彼が生まれると同時に亡くなって、母の妹に育てられているのだ。

彼が食べ物も喉を通らず、苦悩を深める様子を見て心配した国王は、家来にシッダールタが城を出ないよう監視することを命じるのだった。しかし、シッダールタはあるとき、城の最後の門を出て、今度は修行者に出会う。そこで彼は修行者の優しい眼差《まなざ》しを見るのだ。いままでだれからも感じたことのない眼差しだった。慈しみを湛《たた》えながらも、すべてを見通す知性溢《あふ》れる澄んだ目と、何者にもとらわれない、その清々しい佇《たたず》まいに彼はすっかり心を奪われて、深く感動する。

こんな悲しい現実のなかで、あれだけ清らかに生きる人がいる。自分もあんな生涯を送りたい。ついに彼は、城を出て修行者になるという決心をするのである。ここまでが仏伝である。

もちろん彼は、その年まで老も病も死も知らず、修行者にも会ったことがなかったとは考えにくいが、あくまでもこれは仏伝である。何がしかの「強い気持ち」で出家を思い立ったことだけは間違いない。

当時のインドはバラモン教（のちのヒンドゥー教）の社会で、一生のなかで「家を離れて修行に出る」という時期（林住期《りんじゅうき》）があるのだが、それは後継を育て終えて一族の長としての役割を果たしてからと決まっている。

彼が家を出たのは、まだまだそんな時期ではない。世継ぎはまだ小さかったのだ。責任のある時期に男が家を捨てることは、当時の社会では厳しく戒められている。

一族の激しい反対と王の落胆を尻目に、シッダールタはある日、とうとう城を出る。一足早い「林住期」と考えて、一族は納得したのかもしれない。いずれは帰ってくる。王はそう考えたのだろう。

そのときにシッダールタについて城を出てきたのが、のちに五比丘《びく》（修行僧）として釈迦と運命を共にすることになる五人の家来たちである。彼はその家来たちと、六年にもわたり厳しい修行を共にしたことで知られている。

最後の修行は断食の行であったという。五人の比丘たちとともに断食を始めたシッダールタは、なんと、ほどなく五人の比丘を尻目に突然、断食をやめてしまうのだ。

「体を痛めつづけて、意識が朦朧《もうろう》とする。そんななかから悟りなど生まれるはずがない」

彼はそのとき、実は六年も続けてきた難行苦行に対する疑問がだんだん大きくなっていくのを感じていた。そこで自らの修行にけじめをつけて、静かに修行をやめたと仏伝は伝えている。

まず、気力と精神力を回復しなければならない。シッダールタはそのとき、通りかかった村娘が差し出した「乳粥《ちちがゆ》」を黙って飲み干した。ところが、ここで予期せぬことが起こる。そんな釈迦を見て、なんと「シッダールタは堕落した」と、五人の比丘たちが蜘蛛《くも》の子を散らすように逃げていってしまうのである。

この話は、仏教徒ならだれでも知っている話である。子どもたちを集めて開かれたお寺の日曜学校の定番の物語で、私も幾度となく聞いてきた。

しかし、いつのころからか、私はこの話に小さな疑問を感じるようになった。修行を中断したとしか内容が伝わらないのに、堕落のレッテルが貼《は》られる。なぜなのか。

「修行の途中に若い女から食べ物をもらったら、堕落したことになる!?」

ここでいう五人の比丘は、カピラ城から付いてきたいわば選りすぐりの家来たちだ。たとえそれが致命的な堕落だったとしても、帰りを待ちわびているはずのカピラ城に「連れて帰る」という「王命」を授かっていたと考えるほうが自然である。また、一人くらいは残る人がいてもおかしくはない。全員が放り出して逃げるだろうか。

乳粥を提供したのは「スジャータ」という村娘だった。彼女はどんな娘だったのだろうか。仏伝をいろいろ調べてみても、釈尊が悟りにいたる重要な食べ物を与えた娘として、膨大な伝説の衣をまとっていて、その輪郭がなかなか浮かび上がってこない。たぶん、釈迦の存命中はあまり重要視されてはいなかったのではないかと思う。ほんとうはどんな娘だったのだろうか。

彼らはたしかに修行者だ。しかし六年のあいだ、ただ際限なく修行を続けたはずはない。予定どおり続けたこともあれば、中断したこともあるに違いない。移動するだけの日もあるだろう。食べ物は原則として托鉢《たくはつ》である。時には「若い女性」から施しを受けることもあるに違いない。なぜスジャータから食べ物をもらったこのときだけ、「五比丘が逃げていってしまう」ほどのことが起こったのだろうか。仏伝で語られる「堕落」の内容が、どうしてもはっきりしない。なぜこのときだけ……。

このわだかまりに私はひとつの仮説を立てていた。ブッダガヤに行って、それを実際に確めたかったのだ。

◉ブッダガヤの川向こう、セーナ村

乾期には干上がるナイランジャナー川（尼連禅河《にれんぜんが》）の川向こうにあるセーナ村というところが、スジャータが生まれ、そして生きた村である。釈迦がその根元に座って悟りを開いたという大きな菩提樹のあるブッダガヤとは、川を挟んで目と鼻の先のスジャータの村。この村を訪ねてみたいというのが、そのときのインドの旅の目的のひとつだった。

インドには、太古から続くきつい身分制度がいまも存在する。私のこの旅のほんとうの目的は、そのスジャータの村を実際に見て、彼女の身分を確かめることだった。

釈迦に乳粥を手渡したスジャータはチャンダーラだったのではないか。

修行者にはいろいろな立場があるが、いずれも聖なる存在である。もし彼女がチャンダーラなら、穢《けが》れ多いとされていたチャンダーラから食べ物をもらった聖なる修行者は、それだけで「堕落者」となっても不思議はない。

時は乾期、向こう岸まで十分に歩ける距離である。たくさんの観光客と一緒にブッダガヤから川底を歩いて渡った。渡りきったところがセーナ村である。収穫したての穀物が中央にうずたかく積み上げられ、身なりのよい若い娘がイキイキと農作業をしていた。平和で豊かな村に見えた。

「ブッダガヤの川向こう」

三〇〇〇年の歴史はあらゆる痕跡を消し去り、そこはきれいで豊かな村だった。

彼女の村はどんな村なのか。この平和そうな村の三〇〇〇年前の姿は……。

通訳もつけずに、一度行くだけですべてがわかると思ったのは、ほんとうに浅はかな話である。それは、三〇〇〇年前の大阪にどんな人たちが住んでいたのかが、いまを旅するだけでわかると考えたに等しい。訪れたらわかるかもしれないと考えた私の想像力のなさに苦笑いをしながら、凸凹の川底を歩いてブッタガヤへ戻ったのだった。

しかし、このときのこのこだわりが、いまのいままで私を動かしつづけている。思えば、子どものころから続くこの小さな疑問から、私の仏教は始まったといえるかもしれない。

「スジャータの村」は、北インドの仏跡巡拝では人気のコースに入っていて、訪れる外国からの観光客のため、政府が大金を投じているという話を聞いたのは、それから何年もしてからのことであった。歴史がのぞけるはずの手付かずの村のあいだに、一度訪れたかったといまも思っている。

「仏典に仕込まれたインド（ヒンドゥー）の差別」をたどる旅。思えば、この旅がその長い旅の始まりだったと思う。

一　釈迦の悟りとヒンドゥー社会

◉「ヒンドゥー」との出会い

私は、一九七〇年代にウーマンリブ（フェミニズム）の運動に深くかかわっていた。「ウーマンリブ」、あらためて書いてみると、古い言葉である。いまはジェンダー問題といっている。

そのリブの人たちのなかで、熱心に読まれていた『マヌの法典』という本があった。当時は岩波文庫になっていた。仲間が集まると「輪読会」や「勉強会」が開かれた。

あとで詳しく述べるが、古代インドにおける生活規範を記述した本である。人類の創造主「マヌ」が説いたということで、この名前がある。

インドにおけるカースト制度を知らない人は少ない。そのカースト制度の元になる生活規範が語られているばかりではなく、私たち女性にとっては、女性蔑視の長い長い歴史が、実はヒンドゥーの昔にまでさかのぼることができることを実証するような本で、アジアの、というよりは「仏教文化圏の女性蔑視の原点」が同時に明らかになるという内容をもっている。あるとき、私はその一節から目が離せなくなってしまった。

知らずして、チャーンダーラ及び他の卑しき婦人と交り、或は（かかる人々の食物を）食し、又（彼等よりの贈り物を）受くるバラモンは堕姓者となる。されど（そを知りて）なしたる時は、彼は彼等と等しきものとなる。

（田辺繁子訳『マヌの法典』岩波文庫、第一一章「贖罪のための戒行」一七六。以下『マヌの法典』と略記。（　）内は訳者による補充）

つまり、「チャンダーラと知りつつ、チャンダーラから食物をもらったバラモンはチャンダーラとなる」と書かれているのだ。チャンダーラは「旃陀羅《センダラ》」と漢訳されて、アウトカースト、つまりカーストの最下層とされるシュードラ（非アーリアンの労働者階層）にさえも入れてもらえないカースト外の「賤民《せんみん》」の、もっともポピュラーな名前として知られている。その賤民から、承知のうえで食べ物をもらうと、その賤民に自らがなってしまうという掟《おきて》があるというのだ。これは当時では逃れられない生活の規範であるという。

釈迦族[*1]は王族なのでバラモンではない。しかし、当時の社会で、バラモンだけがアウトカーストに落ちて、王族は無事ということはありえない。しかも、彼らは修行者の身である。

当時、チャンダーラの穢れは伝染するものと考えられていた。吐く息や唾液、精液など、とくに水が穢れを伝染させると信じられていた社会であった。井戸水を共有しないという鉄則はここからきている。水で調理された物、乳粥はもっとも危険な食べ物のひとつであるという。

その解説を読んだとき、私はすぐにあの「乳粥を食した釈迦を五比丘が見捨てた」物語を思い出した。

「釈迦に乳粥を提供したスジャータはチャンダーラだった?!」

そう考えると、すべてが了解できる。五人の比丘のなかの一人「コンダンニャ」は、バラモンの名前であることから、バラモン階層の出身者だったことがわかっている。四人を誘って真っ先に逃げたのかもしれないと思う。

◉「釈迦の悟り」はヒンドゥー社会への挑戦

釈迦は悟りにいたる最後のプロセスで、それを承知で、あえてチャンダーラから乳粥をもらって食した。それは釈迦自身がアウトカーストに落ちていく行為である。もたもたしていると、その穢れはやがて五比丘にも伝染する。五比丘があわてて逃げていく理由がここに明確となる。これで私の小さな疑問は解けた。

これは偶然の出来事などではない。釈迦は自らをアウトカーストに落とすという行為をあえて選び取り、それを重要なきっかけとして悟りを開いたのである。断食をやめたのも、スジャータの乳粥を食したのも、すべてつながる一連の出来事であったはずである。

では、「釈迦の悟り」は……。それはこのことと深くつながっていなければならない。「人としてさえ認められないという最下層」のチャンダーラに自分自身を落とす行為をあえて自ら選び取り、それをきっかけにして悟りを開く。釈迦の悟りは、ヒンドゥー社会の長い伝統からくる当時のインドの生活規範を「根底から覆す」という内容をあわせもっていた――。私はそのとき、このように確信した。手がかりのひとつは「人間の平等」である。

それをはっきりさせるには、仏法にふれ、仏法を聞き、仏法を知るしかない。以後の私は、ヒンドゥー社会の現実と常に対比させながら、信仰の内実と向き合ってきたと思っている。

スジャータについて興味深い記述を発見した。インド哲学者・中村元《なかむらはじめ》は「『リグ・ヴェーダ』ではスジャータは尊い生まれの者という意味である」と述べている（『中村元選集』第一一巻「ゴータマ・ブッダ一原始仏教一」春秋社、一九九二年）。断食でやつれて行き倒れたとしか見えないような、名もない修行者シッダールタに乳粥を供した、セーナ村に住む田舎娘を、仏伝でことさら尊い生まれのものといわなければならなかったのはなぜか。ガンジーがアウトカーストの人々を「ハリジャン（神の子）」と呼んだのを思い出す。

名もない貧しい村娘が、仏伝の成立とともに「スジャータ」と呼ばれるようになっていったのだろう。

スジャータは、釈迦が涅槃《ねはん》（完成した悟りの境地。釈迦の死）に入るときに最後の食べ物を布施した「チュンダ」*2とともに、長い仏教の歴史のなかで特別な人物として伝説に包まれていくことになるのである。

◉仏陀釈尊の初めての説法

釈迦が悟りを開いたあと、どうなったのか。釈迦が初めて説法をしたときの話を避けて通るわけにはいかない。

釈迦は、スジャータに乳粥をもらい、尼連禅河で沐浴《もくよく》をしたあと、菩提樹の下で瞑想すること七日。自分の内面から湧き出るさまざまな魔物と闘いつづけ、ついに悟りを得る。

釈迦はそこで最後の葛藤のときを迎える。こんなむずかしい真理を説いても、理解するものはだれもいないだろうという内面の声を聞くのである。真理を体得し、仏陀《ぶっだ》となった釈迦は、もうこれ以上望む世界はない。恍惚《こうこつ》のまま涅槃に入ろうという誘惑と闘いつづけるのだ。そのまま、また数日が過ぎる。あわや涅槃というところに、梵天《ぼんてん》というヒンドゥーの最高神が現れる。「梵天勧請《かんじょう》」という大切なシーンだ。梵天が衆生《しゅじょう》の一人として、釈迦に請い願うのだ。

「そのまま涅槃に入らないでほしい。どうか法を説いてほしい。仏陀となったお方には責任がある。どうか人を侮《あなど》らないでほしい。だれにも理解できぬものは真理ではありません。覚者が一人も生まれぬものは真理ではありません。仏陀となられたあなたのその法を聴いて、必ず覚者となるものが現れます。勇気を出してください。自信をもってください。衆生《しゅじょう》を救うのが仏陀の務めです」

梵天の請い願う声に勇気づけられた釈迦は、自らが仏陀として法を説くことを決心するのである。

仏陀が最初に法を説こうと決めた相手は、最後に去っていったあの五比丘たちだった。近くにいた修行者たちに尋ねると、鹿野苑《ろくやおん》（サルナート）にいるという。ブッダガヤからサルナートまでは道のりで約三〇〇キロはある。釈迦は悟りを開いた仏陀として、ブッダガヤからサルナートまでの「最初の旅」を始めるのである。

鹿野苑は、文字どおり鹿が住むバラモンたちの修行の場であった。修行者以外は人が入ることを許されていない神聖な場所である。当時はバラモンだけではなく、釈迦のような出家沙門《しゃもん》の修行者も一緒に瞑想していたことは間違いない。清らかで静かな森にのんびりと草を喰《は》む鹿。そんな場所へ釈迦は静かに入っていったのであった。

釈迦を迎えた五比丘たちは、釈迦を見てどう反応したのか。遠巻きにして、すぐには近づかなかったと伝えられている。しかし、仏陀の表情は晴れやかで輝いていた。自信に満ちて落ち着いた様子は五比丘にも伝わってくる。仏陀としての風格が漂っていたのだ。

そこでリーダーシップをとったのが、あのバラモンの比丘コンダンニャであった。釈迦を見捨てて以来、彼も葛藤していたに違いない。反対する残りの四人を説得して、説法を聞くことになる。釈迦の生涯で初めての、仏陀としての説法だった。これを仏教徒は「初転法輪《しょてんぽうりん》」と呼んでいる。

五人の比丘はそれからどうなったのか。興味のあるところであるが、彼らは全員、悟りを開いているのだ。釈迦の説法を聴いて歓喜して、最初に悟りを得たのはあのコンダンニャだったという。

それから釈迦は、五比丘とともに最初の僧伽《さんが》（僧の集団）を形成して、インド各地で布教活動を始めるのである。釈迦教団の成立であった。その過程で、残りの比丘たちも次々と悟りを開いていったと伝えられている。

◉「そうだ、みんな死ぬのだ」

その初転法輪で釈迦は何を説いたのか。ほんとうのところは、実はわかっていない。『阿含《あごん》経《きょう》』などの、釈迦の語録をまとめたような古い経典に共通して出てくる話を研究者が見当をつけて述べているだけ、といったら学者に叱られるが、そのなかでいちばん多いのが「四諦八正道《したいはっしょうどう》」が説かれたとする説だ。悩み苦しみからどうしたら解放されるのかという話だが、人間の苦悩の依って立つところを分析し、正しい生き方を説くという体系的な話で、仏教を勉強する人は最初に教科書のなかで出合う。どう考えても、そんな話を最初にしただろうかと思ってしまう。三〇〇〇年の歴史を考えても、もっともらしく整えられたストーリーに違いないと考えている研究者は多い。

コンダンニャが最初の説法を聴いて、その場で悟りを開いたときに発したという言葉が残っている。思い切って意訳してみる。

「そうだ、みんな死ぬのだ」[*3]

それは叫びだったという。

あとで詳しく述べるが、ヒンドゥー教では「人は死なない」。アートマンという生命のコアみたいなものが死体から抜け出し、胎児の心臓に宿り、「生き変わり、死に変わり」すると考えられていた。つまり、死なないと信じることで死の恐怖を乗り越えていく社会であった。この現代でも、丹波哲郎《たんばてつろう》の『大霊界』（学習研究社）のように、死後に生まれいく世界が実際にあると考えている人たちは多い。また「霊友会」も、仏教と名乗りつつ、実は霊魂不滅をその教義としていることで知られている。

「生まれたものは等しく死ぬ」。この当たり前の現実を受け入れるのは、ほんとうはそんなに簡単ではない。死の恐怖から逃れるために「人は死なない」と考えるのが、実はいちばん手っ取り早い。したがって、そんな信仰はいまもとても多い。肉体は滅びても霊魂が生きつづけて何かに生まれ変わるという考えは、民族や地域を超えて、決して少なくはない。死んだ人が集まっていまも生きている場所があり、そこから生きている私たちを見守ってくれていると考えることは、この現代でも普通のことである。

死の何が怖いのか。肉体が滅びることは、目に見える事実として否定できる人はいない。その肉体が滅びても、「私」が肉体から離れて生き延びたら恐怖はない。死んでも死なない「私」。その「私」とはいったい何者なのかを問いつづけ、やがて真実にたどり着くのが実は仏教なのだ。

初転法輪で釈迦が「人は死ぬ」と説いたことは、当時はコペルニクスが地動説を唱えたのと同じほど、ヒンドゥー社会に強い衝撃を与えた。

「死んでも命があるように」、つまり来世の果報を人質にして現世の生活の規範を押し付けるというヒンドゥーの社会に生きる人たちにとって、死そのものを受け入れてしまったら、現世を縛る綱が切れたも同様だ。カースト制度に従う理由も、ヒンドゥーの生活規範を受け入れる理由もなくなる。それはヒンドゥー社会そのものを揺さぶる内容をもっていたと私は思う。釈迦はスジャータの乳粥を自ら食することで、身をもってカーストそのものを否定した。それに続く悟りこそ、まさにヒンドゥーそのものの破壊にほかならなかったのだ。

「釈迦の悟り」は、ヒンドゥー社会への静かな挑戦にほかならなかったと私は思っている。釈迦がこのアジアで初めて、人は等しく死ぬことを明らかにした場所。初転法輪の地、サルナートは、そういう意味ではアジアでただひとつ、いや、世界でもただひとつの場所かもしれないと思う。

二　『マヌの法典』

『マヌの法典』はスジャータの真実を示唆してくれたが、古代のインドは女をどうとらえていたのか。だんだん引き込まれて、やがて私は『マヌの法典』を手放せなくなってしまったのである。とくにその女性観があまりにわかりやすい。女性差別の聖典になるというのは、ゆえあることだと思えた。近代国家の女性差別は、さまざまな「まやかしや目くらまし」がたくさん付いていて、なかなか見えにくいが、『マヌの法典』ではもろに掛け値なく見えてしまうのが興味深い。

創造に際して、マヌは婦人に臥床、彼等の座席及び装飾（への愛着、）愛欲、憤怒、不正、悪意、及び悪行を賦与せり。

（『マヌの法典』第九章「婦人の本性」一七）

「創造に際して、マヌは婦人に○○を賦与せり」、つまり人類を創造したマヌが女性をかく造りたもうたと『マヌの法典』では銘記している。

「見栄っ張りで不真面目で、男にだらしなくて、怒りに任せて感情を爆発させ、よこしまで、悪意に満ちた、悪行の主」

インドの社会において、女性はこういう存在として人類の祖がつくったと、太古の昔から位置づけられていた。つまり、マヌが女を「かく造りたもうた」と大衆が信じて疑わない社会だったということにほかならない。

正直いって恐ろしいと思う。『マヌの法典』とは、いったいどんなものなのか。

◉アーリア人の宗教・ヒンドゥー教の聖典

インドでは、仏教が生まれるはるか昔から、ヒンドゥーの教えがあった。そのヒンドゥー教の聖典（ダルマ・シャーストラ）のひとつとして成立したのが『マヌの法典』である。

『マヌの法典』といっても、単なる法律の書ではない。法律的規定として分類できる条項は全体の四分の一にすぎないといわれている。全編を貫いているのは、宇宙の始まりから万物の創造、それに人類を創ったマヌの物語と、そのマヌが明らかにする生活の規範である。読んでみると、それは明らかに宗教書だ。仏教の考え方の一部がここから出てきたのだろうと了解できる深さと広さがある。

ヒンドゥー教[*4]というのはアーリアン（アーリア人）の宗教である。アーリアンは騎馬民族で高い文化をもち、紀元前一五〇〇年ごろにインドに侵攻してきて、各地に小さな部族国家をつくっていった。[*5]

アーリア人は誇り高い民族であった。いったいどこからやってきたのか。諸説あるが、西トルキスタンの平原部に牧畜を営んでいて、その一部がイランへ（イランは「アーリア人の国」という意味をもつ）、そしてまたインドのパンジャーブ地方へと分かれて侵攻していった、というのがいちばんすっきりする説だろう。彼らはそのままガンジス河を東進する。そして、やがてゆるやかにインド全体を征服していったという。

侵攻したアーリア人は、当然のこととして征服者であった。インドには、古くから住み着いている先住民（主にドラヴィダと呼ばれている。アーリア人よりは肌の色が明らかに黒い）がいる。誇り高いアーリア人は、先住民との混血を極端に恐れ、自分たちの純血を護《まも》ろうとした。そのためにあのカースト制度をつくったといわれている。

カーストのいちばん上に属するのがバラモン（司祭）、次がクシャトリヤ（王族）、バイシャ（商人）、シュードラ（奴隷・労働者）と続く。上の三階級がアーリア人、いちばん下の階級が先住民（ドラヴィダなど）である。

四つのカーストは再生族と一生族に分けられ、上の三カースト、つまりアーリアンは再生族。多年草のように何度でも何度でも生まれ変わって生きつづける種族である。[*6] それに対して四番目のカーストである非アーリアンは一年草で、死ねばすべてが終わってしまう。

公に認められたカーストはこの四つだが、このほかに、数えきれないほどのアウトカーストが存在する。その代表的なものにチャンダーラ（旃陀羅）がある。

ヴァイシャ、クシャトリヤ及びバラモンの女によりてシュードラより（それぞれ）アーヨガヴァ、クシャットリ及び、人の最下級のものたるチャーンダーラ生る。これらは、種姓の混乱より生ぜるものなり。

（『マヌの法典』第一〇章「雑種階級」一二）

すべてのチャンダーラが混血によって生まれたとはいえないが、再生族である三階級に位置する女が、その下の階層（シュードラ）の男を種として子どもを産めば、その子は確実にアーリアンの社会から排除され、最下層のアウトカーストの者として生きなければならない（アーヨガヴァ、クシャットリはともにチャンダーラと等しいアウトカーストの階級名）。

混血の血がアーリアンを穢すことがないように、細心の注意が払われていることがわかる。

定めに背いた人々は、その罪状に従って定められた方法で償《つぐな》い（「浄《きよ》め」）をしなければならない。[*7]つまり、来世の果報を人質にして、死を賭けて償うことを強要されることになるのである。バラモンを中心に村々に張り巡らされた生活規範の網は、そのまま住民を監視する監視カメラの役割を果たしていて、何人たりとも逃れることはできない。

その罪状にジャッジ[*8]を下す裁判官は原則、バラモンだが、そのほかにも罪状の決定に影響を及ぼすベテランのバラモンが複数立ち会うことになっている。そして、その刑罰を管理するのが王族の仕事なのだ。軽微な犯罪は村に住むバラモンが裁くことが普通だが、訴訟や犯罪に属する事件にはきちんとした法廷が開かれている（『マヌの法典』第八章）。

『マヌの法典』は、このように「再生族」「一生族」という区別でカーストを分けながら、それぞれの生活の規範を「箸の上げ下げにいたるまで」厳しい罰則とともに事細かく定めていたのである。

◉女性に冷酷なヒンドゥーの掟

ここでもうひとつ、いかに女性が生きにくかったかという話を紹介しよう。

カースト制度と鋭く対決したアンベードカル[*9]という人の論文である。彼は次のような恐るべき慣習を紹介している。ヒンドゥーの掟がいかに女性に厳しいものであったかがわかるだろう

（山崎元一『インド社会と新仏教——アンベードカルの人と思想』刀水書房、一九七九年）。

もし掟どおりに生活していて、夫が早くに亡くなったら、妻はどうなったのか。残された妻の選択肢は二つ。生涯再婚しないという拘束力の強い約束をさせられるか、亡くなった夫の火葬の火に飛び込んで死ぬこと（サティー）を強要されるかの二つにひとつ。その理由は、他のカーストの男と関係をもつ危険を根底から排除するためであるという。

では、夫が妻を亡くしたらどうなるのか。結婚年齢に満たない幼い少女を妻として与えられたのだ。壮年の男から性の欲望を排除することは不可能である。かといって、女のようにして男を殺したら部族の力が衰える。さりとて、適齢期の女を再婚の対象とすると適齢期の女が不足する。そんな理由からだという。カーストを守るためにどれだけの女が犠牲になったかと思うと、平静ではいられない。

ここで重要なことは、女はたとえバラモンの階級であっても再生族の仲間入りはできないことだ。なぜなら、再生族になるための重要な儀式は女を対象としてはいないからである。女から生まれた男はその階級の後継者になるが、女は最後まで、後継者たる長男を産む以外、民族としての役割をまったく期待されていない。もちろん、女は裁判の証人になることさえもできないのだ。女は理性がなく、話す内容が信用できないので、精神障がい者や子どもと同様に証人にはなれないのだという。「父に従い、夫に従い、最後は長男に従い」、一生、独立者として生きることは許されない。女は、母として以外に尊敬される場面はどこにも見当たらないのだ。

（女子は）幼時に於ては父（これを）監護し、若き時は夫（これを）監護し、而して老年に於ては子息（これを）監護す。女子は決して独立に値ひせざるものなり。

（『マヌの法典』第九章「婦人の監護」三）

なにやら聞き覚えのある言葉ではないだろうか。江戸時代の貝原益軒《かいばらえきけん》の『女大学《おんなだいがく》』そのものである。釈迦から遠く離れた時代には、なんと仏教でも、これに「五つの障り」をくっつけて、「五障三従《ごしょうさんしょう》」*10としてアジア中にバラまいたのである。

◉障がいをその人の罪業の結果と考える

次に、少し長いが、『マヌの法典』から障がい者に関する条文を引用してみたい。前世と現世と来世が絡み合い、現世の暮らしを圧迫していくさまがよくわかる。

この世に於て、悪人は、或は犯したる罪（の結果）により、又或は前（生）に於て犯したる（罪の結果）によりて、相貌の畸形《きけい》を受く。

（バラモンの）金を盗む者は、（来世に於て）悪しき爪を有す。スラー酒を飲む者は黒き歯、バラモンを殺したる者は労咳《ろうがい》〔肺結核〕、尊者《グル》の臥床《がしょう》を犯したる者は皮膚病、密告者は悪息の鼻、中傷者は口臭、穀物を盗む者は四肢の欠除、（穀物に）混ぜ物をなす者は四肢の過剰を受く。

（調理したる）食物を盗む者は、消化不良となり、（ヴェーダの）言葉を盗む者は唖者《あしゃ》となり、衣服を盗む者は白癩病《びゃくらいびょう》〔ハンセン病〕となり、馬を盗む者は跛者《はしゃ》となり、灯火を盗む者は盲人となり、そを消したる者は隻眼《せきがん》となり、（生類を）害ふことにより病身となり、姦淫《かんいん》者は（その肢体に）腫物を生ずべし。

かく（過去の罪）業の残余によりて、白痴、唖者、聾者《ろうしゃ》、及び畸形者生る。それらは（みな）有徳なる者達によりて軽蔑せらる。

故に潔斎のため、常に贖罪《しょくざい》を行ふべし。なんとなれば、罪を贖《あがな》はざる者は、（再び）恥づべき特徴を持ちて生るればなり。

（『マヌの法典』第一一章「贖罪」四八〜五四。〔　〕内は落合）

障がい者に対して容赦のない過酷な社会であったことがわかる。いずれの障がいもその人の罪業の結果と考えられていた。

障がいをもって生まれた子どもがいれば、その子は前世において罪を犯したことになり、また、おとなの場合は犯した罪を隠し持っていることになる。障がいや病気をひたすら隠すことでしか生きられない。

みんながそれらを「犯すべからざる」生活の掟として奉り、信じ込んでいる社会では、まったく逃げ場がない。再生族にとっても、一生族にとっても、過酷な日常であることは想像に難《かた》くない。

前世で縛り、来世を人質にとって、現世を過酷な環境に追い込む社会。ヒンドゥーの社会は、「慣習となってしまった規範」、つまり見えない手で人々を管理する残酷な社会であった。

◉ヒンドゥー教に傷つけられた仏教経典

『マヌの法典』の成立年代は不明とされているが、紀元前二〇〇年から紀元後二〇〇年ぐらいが異論のないところといわれている。「釈迦の生きた時代のあとに成立したのではないか」という疑問が残るところだが、岩波文庫版『マヌの法典』の、翻訳者・田辺繁子による「はしがき」に「法」の性格が明記されていて、一〇〇〇年以上も前からつくりあげられてきたヒンドゥー社会の慣習を、成立年代にあらためて「まとめたもの」であることがわかる。

マヌ（人類の祖）と呼ばれるこの作者は、決して自分で法を創造したのではなかった。多年にわたって印度《インド》民衆の間に行われて来た慣習、即ち、慣習法となっているものを集成し、成文化したものと解釈せられ、そしてこれが印度民衆の遵守の根拠と認められる。

（『マヌの法典』「はしがき」）

この「はしがき」によると、『マヌの法典』ができたころには、法典に規定された生活の規範がすでにアーリア人の信仰の証《あかし》として根づいて機能していたことがわかる。つまり、成立するはるか以前から実際に人々の生活の内実をかたちづくっていたのである。

私たちはすでにこの『マヌの法典』の日本語訳（岩波文庫版は一九五三年一月二五日初版。戦後早々に学壇に紹介されて、話題になっている）を手にしている。そんな現代にあって、この現実を無視して仏教経典を読むことはむずかしい。

実際、先ほど紹介した『マヌの法典』の障がい者の謂《いわ》れを説いた、このくだりがそのまま、浄土系仏教教団の根本聖典のひとつ、『無量寿経《むりょうじゅきょう》』（後述）の原典の中（下巻「五悪段」）に紛れ込んでいる。このことを知ったのは、本書の第一稿を書き上げてすぐのことであった。現在使われている経典は、昭和の時代につくったダイジェスト版なので、原典のその記述が目にふれることはない。しかし、それはあくまでも長さを端折《はしょ》っただけで、教団が正式に削除した結果ではないという事実を知って衝撃を受けた。この記述が正式に問題にされて、経典自体の編《へん》纂《さん》の歴史をたどり、正式に検証されたことはない。釈尊が説かれた仏教が、インドや中国でどんな変遷をたどって私たちまで届けられたのだろうか。ズタズタに傷ついた歴史が垣間《かいま》見える。

◉釈迦はヒンドゥー教を超える原理を提示した

釈迦が出現した理由のひとつが、あるいは人々が仏陀を求めてやまなかった理由のひとつが、このヒンドゥー教を超える原理を獲得するということにほかならなかっただろう。

死の恐怖を「死なない」、つまり死んでも来世があり、生きつづけると規定することでしか超えられない社会は、その「人々の恐怖」を人質にして、さまざまな呪縛をかけられる社会でもある。「死ねる生《せい》を生きること」でしか、人は来世の呪縛から自由になることはできない。

釈迦はこのアジアで、最初に「人は等しく死ぬ」ことを明らかにした。釈迦の悟りの内実のひとつが「死ねる原理の発見」だったのではないかと私は思っている。つまり、「諸行無《しょぎょうむ》常《じょう》」「諸法無我《しょほうむが》」、すべてのものは移り変わり、とどまるものはない、生まれたものは必ず死ぬという仏教の教えを説くことで、アジアで初めて「人は平等に死ぬ」という真実を明らかにしたのである。

仏教では、死んだ自分が「霊魂という実体」として死に殻を抜け出して、どこかへ行ったりすることはない。それは明らかにヒンドゥーの死生観だ。釈迦はその死生観を、さまざまな世界を死ねずに経巡る「六道輪廻《ろくどうりんね》」という現世の迷いの相として明らかにしたのだ。*6

葬式や法事でお経をあげるのは、一生を終えられた方を悼みつつ、生きて在る私たちがその人の亡きあとをどう生きるのかを、共に問うためである。これは釈迦の昔から三〇〇〇年、変わることのない真実である。私たち自身が、肉親の死という厳粛な事実を通してどう生きるのかを問い、拭っても拭いきれない欠落感をどう癒《いや》し、どう立ち直るのか。以前とは一味違った生をどう生きるのかを、僧ともどもに考える場をつくるためである。そこを離れたら、私たちの寺は存在する意義すらすでにないといえると思う。

経典に書かれている言葉の意味を知れば、それが死後の世界とは縁のない話であることは、だれにでもわかるはずである。

私たち浄土真宗は、鎌倉仏教の祖師方のひとり、親鸞聖人《しょうにん》を開祖とする。現在は、真宗教団連合に加盟しているところで一〇派。そのなかでは、「東・西」を冠につけて呼ばれている東本願寺と西本願寺を本山とする二派がとくに知られているが、教義はおおむねみな同じで、浄土三部経を根本聖典としている。『無量寿経』『観《かん》無量寿経』『阿弥陀経《あみだきょう》』の三部である。それらのお経について、ヒンドゥー教のチリをまず拾い出してみたいと思う。

三　浄土三部経を読む

◉私の「如是我聞」

お経はまず、必ず「如是我聞《にょぜがもん》」という言葉から始まる。現代語に訳すと「私はこのように聞きました」という意味である。

本来ならば「釈迦がこう説かれました」となるところだが、絶対にそうはならないのが仏教のすてきなところなのだと私は思っている。聞いた人の勝手な解釈だから正確ではないと考える人もいると思うが、そうではない。それこそが仏教なのだ。そこがわかるかわからないかで、経典の理解がまったく違ってくるという大切な勘どころで、活字になったものでしか仏教にふれたことのない人には、わかりにくいところといっていい。

仏教はすべて口伝から始まっている。だから、内容のすべてが、まず聞き取った人の言葉として表現されているのだ。いいかえたら、単なる情報としてではなく、実際に釈迦の言葉にふれて「私はかくのごとく、たしかに聞き取った」という人によって伝えられたということだ。

つまり、「この経典によって私は真理を知り、立ち上がることができました」という一人ひとりの回心《えしん》（信心を得ること）の証として、経典がいまを生きる「私」の手まで届けられたということだ。

だから、聞いた人は、ほんとうに受け取ろうとしたならば、まず、自分の手で「如是我聞」を確認しなければならない。言い伝えられた解釈にどうしても納得がいかないときはとことん聞いて、それでも納得がいかなかったら、その経典を自分は「捨てる」という覚悟をするか、行間の意味を読み直すしかない。

とても生意気な言い方かもしれないが、経典はそういうかたちで伝えられてきたという歴史があり、それが仏教のすてきなところなのだと思う。さしずめ、女の目で謀叛《むほん》を起こしてみたい。それが許されるのが仏教だと私は信じている。

私は親鸞教徒なので、親鸞はどうとらえていたのか、親鸞の肌触りを探りつつ、親鸞聖人が生きた時代といまの情報量の圧倒的な差を考えながら、私なりの「如是我聞」を紡ぎだしたいと思う。

◉経典の仕組み

私にも先生があった。いまはもう亡くなったが、確かな手応えを受け取ったといまも思っている。

「いつかは女の目で経典を読み直さなければならない」

私が疑問のほどをぶつけるたびに、そんな答えが返ってきたのを思い出す。語る僧としてではなく、聞く女の信者の一人として、先生から受け取った手応えを手がかりにしながら、私なりに浄土三部経を女の目で読み直してみたいと思う。

その前に、まず経典の仕組みについて説明しておこう。経典にはいくつかの決まりがあることが知られている。まず最初、どこで、だれのために説かれたのか、主にどんな僧たちが聞いていたのか、という記述が必ず付いている。次に続く内容は、三つに分かれている。

「序分《じょぶん》」＝その経典が説かれる訳

「正宗分《しょうしゅうぶん》」＝本論

「流通分《るずうぶん》」＝だれに託し、未来にわたってどういう役割をもつのかという、いわばその経典にかける釈迦の願いが述べられている。

ぜんぶを丁寧に述べるのは私の任ではないので、女から見て「ここだけは、どうしても」と思うところを中心に展開していきたいと思う。

さしずめ、その重要なテーマのひとつが仏典のなかの女性観である。

四　王舎城の悲劇

◉『観無量寿経』の世界

『観無量寿経《かんむりょうじゅきょう》』は略して『観経《かんぎょう》』ともいわれている。このお経は、女性が大事な役割を果たすというとても珍しいお経である。救済の埒外《らちがい》にある女が実際に救われていくことを題材にしていて、女性のための法座のテキストとして頻繁《ひんぱん》に使われている。

『観経』の「序分」に出てくるお話は、山に囲まれた王舎城《おうしゃじょう》というところで起こった、親と子の物語である。王舎城というのは単に城の名前ではなくて、城を含む町の名前であり、その町を囲む山のひとつが霊鷲山《りょうじゅせん》である。この山の名前は、ちょっと経典をかじったことのある仏教徒ならだれでも知っている。なぜなら、その頂上に釈迦教団の僧坊があり、経典の大半がここで説かれたことになっているからである。

キャストを紹介しよう。国王・頻婆娑羅《ビンバシャラ》とその王妃・韋提希《イダイケ》、そして息子の阿闍世《アジャセ》。この三人がメインキャストである。それに絡むのが提婆達多《ダイバダッタ》という釈迦のいとこで、アジャセに先生と慕われている存在である。

脇役で登場するのが月光《ガッコウ》と耆婆《ギバ》という二人の大臣。それぞれ渋い役を演じている。とくにギバは、アジャセの実の兄で、ビンバシャラがクシャトリヤ出身の踊り子に産ませた子（いとこという説もある）。名高い医師で、国中にファンがいて厚い人望をもつという。財務を担当している。ふんだんな財力で国家財政を助けていたという記述もある。

それに、釈迦とその弟子の阿難尊者《アナンそんじゃ》、目連尊者《モクレン》、富楼那尊者《フルナ》。その他、数人の端役が登場する。

◉通常語られている「王舎城の悲劇」とは

国王夫妻は釈迦の弟子であり、熱心な仏教徒で、釈迦のスポンサーであった。そこで壮絶な親子ゲンカが起こるのだ。

まず、どんな物語かを紹介しよう。

次に引用するのは、浄土真宗親鸞会（本部は富山県。本願寺派から分離独立した高森顕徹《たかもりけんてつ》が開く新興宗教）がネットで公開している「王舎城の悲劇」である。

インド・ビハール州南部のパトナ県には、周囲を山に囲まれた王舎城跡が現存する。城址からは、悠々と延びる丘陵が見渡せる。

今から二六〇〇年前、インドで、最強を誇っていたのは、都に王舎城のある、マガダ国だった。イダイケ夫人は、その支配者・ビンバシャラ王の妃であった。

国王夫妻は、物質的には何不自由のない生活を送っていたが、ただ一つ、悩みがあった。後継者の問題である。二人には子供がなかった。

「このままでは私たちの世継ぎはどうなるのかしら」

子宝に恵まれぬイダイケの不安が惑いを生み、占いの迷信へと走らせたのである。これがすべての悲劇の始まりだった。

占い師は言う。山奥にいる、ある修行者の命が尽き次第子が宿る。それまで五年を要するが殺せばそれは早まる、と。

「修行者を殺してまでは……」と重臣たちは止めたが、イダイケの説得に押された王は、三〇〇騎の兵とともに山に向かい、修行者殺害に及ぶ。

鮮血が散り、すさまじい形相で国王夫妻をにらみつける修行者。

「おのれ！　この恨み……、必ず、晴らしてやる！」

凄惨な光景は、イダイケの脳裏に深く焼きつけられた。やがて、どうしたことかイダイケは身ごもったのである。

城内は、祝いに来る近隣諸国の使者でにぎわうも、夢の中で、酒宴の席で、襲い来る修行者の幻影に、イダイケは憔悴していく。夫にも胸中は理解されず、苦しみはまた、惑いを生み、再び占い師にすがる。

「実は……、この太子様……、ご両親に大変恨みをもって宿っておられます。成長されると、きっと親を殺されるお方になるでしょう」

占い師の言葉に、いよいよ追い詰められたイダイケは、ついに、世にも恐ろしい計画を立てたのである。

産室を二階に設け、下の部屋に剣の林を作る。ひと思いにそこへ産み落とすのである。ビンバシャラ王も、イダイケの必死の懇願に、共犯を担うことになった。

ところが、生まれた子供は右手の小指一本切り落としてすんだのである。

産声を聞き、もはや殺意失せた二人は、その子をアジャセと名づけ、蝶よ花よと育てるが、そのうち異常な凶暴性をあらわにしていく。

悪魔に見入られたごときわが子の暴虐に、この世の地獄へ転落していった二人は、釈尊のご説法に耳を傾けるようになる。やがて、ビンバシャラ王夫妻は、釈尊教団の強力な支援者となるのである。

この親鸞会のドラマは、ビンバシャラ王の妃、イダイケを故意に事件の首謀者に仕立てているという点が特徴となっている。通説では、首謀者は夫、ビンバシャラ王である。その一点が大谷派や本願寺派（本山＝西本願寺）が使っている物語と相違しているだけで、それ以外はまったく同じである。

ここから物語は佳境に入る。

恨みを含んで育った太子アジャセは、成長するにつれて凶暴な性格を顕《あらわ》す。やがて成人した太子は、ダイバダッタに自分の指の傷にまつわる両親の仕打ちを告げ口されて、自分を殺そうとした両親を恨み抜き、とうとう父王を殺して王位を奪おうと、牢獄《ろうごく》に幽閉する。さらに、母イダイケが内緒で父王に食べ物を運んでいることを知って、母までも殺そうとするところで、アジャセは二人の大臣、ガッコウとギバにいさめられて、母殺しを思いとどまるのである。

しかし、イダイケは命だけは助かったものの、アジャセによって居室に監禁されて、生活の自由を奪われてしまうのだ。

大国の王妃という立場から一転して、息子に囚《とら》われ、夫を殺されたイダイケは、監禁された部屋から釈迦の僧坊に「どうか私にご説法を」と急を告げる知らせを送る。もちろんイダイケは、もともと釈迦の弟子であり、仏教徒であったが、自分に難題が降りかかって初めて、生き死にかかわる重大な問題として真剣に法を求めるのである。イダイケは、駆けつけた釈迦の説法を聞き、釈迦と向き合い、自分を見つめ、罪深い凡夫《ぼんぷ》の身を自覚して回心《えしん》（悟りを得ること）していく――という物語である。

とてもドラマチックなおもしろいお話として、女たちの法座に日常的に使われるという雰囲気がよく理解できるだろう。子どもが親に反抗して問題を起こすことを「アジャセ現象」と呼んで、マスコミで話題になったこともあったので、名前くらいは知っている人も多いと思う。そのころ、自らを親不孝と任じる若い男たちが集まって「アジャセの会」という名前で飲み会をしているという話も紹介されていた。

◉『観経』「序分」には出てこない物語

ところが、この物語はなぜか実際の『観経』「序分」とはとても肌触りが違うのだ。経典に実際に出てくる話は、アジャセが父王ビンバシャラを幽閉するところから始まる。それ以前はない。しかし、なぜか実際には、そこから話が始まることはありえないといってもいい。「語られる観経」は必ず、子ども欲しさに占いを信じて、仙人（バラモン）を殺すところから始まる。

ヒンドゥーから遠かったはずの王舎城の主、ビンバシャラ王とイダイケ、釈迦の教えをすでに聞いていたと思われる二人が、子どもが欲しいからといって占い師（バラモン）に見てもらうだろうか。仙人（バラモン）が子どもに生まれ変わるなどという予言を信じて、その仙人を殺すだろうか。

待望の子どもの誕生を待ちながら、どんな子どもになるのかを占い師にふたたび占ってもらうだろうか。「殺された仙人の恨み」などという占い師の言葉を恐れて、せっかく授かった子どもを殺そうとするだろうか。

親鸞会の解説を私たちは笑えない。悪行の主が王から王妃に変わっていること以外、親鸞会の解説とまったく同じなのが真宗の『観経』「序分」の理解なのだ。

◉親鸞はこの物語を捨てた

親鸞の主著で親鸞教徒のよりどころである『教行信証《きょうぎょうしんしょう》』（『顕浄土真実教行証文類《けんじょうどしんじつきょうぎょうしょうもんるい》』）には、この『観経』「序分」の物語の前段に当たる部分が『涅槃経《ねはんぎょう》』*11から引用されていて、親鸞がこの話をどうとらえていたかがよくわかる。以下、釈尊がアジャセに語った言葉として紹介されている。

王よ、頻婆娑羅王は昔、悪い心をおこしたことがある。すなわち毘富羅山《びふらせん》に猟にでかけ、鹿を射ようとして広野を歩きまわったことがあり、そのとき、一頭の鹿も得ることができなかった。そこにはただ五つの神通力をそなえた仙人が一人いるだけだった。頻婆娑羅王はこの仙人を見て大いに怒り、悪い心をおこしたのである。《わたしが今猟に来ているのに獲物が得られないのは、このものが追い払って逃したからだ》と思い、そこで家来に命じてこの仙人を殺させてしまった。仙人は命が終わるときに怒りの心をおこして神通力を失い、《わたしには何の罪もない。それなのにお前は心と口とで非道にもわたしを殺す。わたしも来世では、またお前がしたように、心と口とできっとお前を殺す》と誓いをたてた。父王はこれを聞いて後悔の念にかられ、その亡骸《なきがら》を供養したのである。父王はこのようなわけで、罪が軽くなって地獄には堕ちなかった。

（浄土真宗教学研究所編『顕浄土真実教行証文類―現代語版―』本願寺出版社、二〇〇〇年、二八八頁）

王が仙人を殺した動機が、私たちが慣れ親しんだ物語とまったく違っていることがわかる。宗祖・親鸞が書いた『教行信証』に、はっきり語られている物語があるにもかかわらず、布教の場で、この鹿狩りの話が語られることはまずない。聞いたことがないといっても過言ではない。坊守《ぼうもり》（末寺の住職の妻の呼び名）の勉強会やさまざまな研修会にいたるまで、跡取り欲しさに占い師の言葉どおりに生まれ変わりを信じて仙人を殺すドラマが、延々と語られている。宗門の最高学府である大谷大学の有名教授の著作にまで、寸分たがわずこの恨み節が語られる。

　私はもともと、この因縁話の居心地の悪さにずっとこだわりつづけていたが、あるとき、伊《い》勢《せ》谷功《たにいさお》（石川県加賀《かが》市の真宗大谷派常願寺住職。本書で補論として東本願寺の門徒向けテキスト『現代の聖典』について論を展開している）に勧められて、『教行信証』の現代語の全訳を探して読んでみたことから事実を知った。それほど、親鸞が『教行信証』に書いている鹿狩りの物語は、実際の教団ではレアな物語だということだ。伊勢谷功、伊香間《いこま》祐學《ゆうがく》（後述）らが中心になって長いあいだ続いている「北陸聞法《もんぽう》道場」の中心メンバーの一人、比後孝《ひごたかし》（新潟県糸魚川《いといがわ》市の真宗大谷派大泉寺住職）の著書『王舎城の人々の物語』にも、実際に経典に出てこない物語がなぜ教団の通説になっているのかということに関して、疑問のほどが詳しく述べられている。

　『観経』にも『教行信証』にも『涅槃経』にもまったく出てこない話が、なぜ『観経』の解説には必ず語られるのか。親鸞聖人があえて捨てた話がなぜ蒸し返されているのか。

　「生まれてくる子が、殺された仙人の恨みを受けて両親に仇《あだ》をなす」という占い師の予言にビンバシャラ王は震え上がり、仙人を殺してでも欲しかったはずの子どもを、こともあろうに「殺そうと思い立ち」、イダイケに高楼から剣でつくった林の上に産み落とさせるというあの忌まわしい話（先に紹介した親鸞会の物語は首謀者が妻イダイケになっている）が、愚かな王妃イダイケの物語とセットにされて、『観経』の解説に、いまもなお延々と使われつづけているのだ。

『教行信証』を読めば、事の真相がよくわかる。ダイバダッタという釈尊のいとこが、アジャセの関心を引こうとして使った神通力に失敗して、王舎城に墜落し、アジャセに気づかれたのを苦にするが、即座に気を取り直して、釈迦教団の乗っ取りを計画する。しかしまたもや失敗して、破れかぶれで、アジャセをたぶらかした讒言《ざんげん》（他人をおとしいれるため、ありもしないことを目上の人に告げ、その人を悪く言うこと）がこの因縁話だったのだ。

雨行《ウギョウ》という大臣と謀って、アジャセの指の傷（実は瘭疽《ひょうそう》の後遺症）にかこつけて、作り話をして、父王を殺させようとしたことが容易に読み取れる。（『顕浄土真実教行証文類―現代語版―』本願寺出版社、二八八頁）

◉善導の『観経疏』「序分義」が出所

『教行信証』を読むかぎりでは以上である。では、あんな話がいつ、どこで、『観経』の解説に付け加わったのか。すでに見てきたように、仏典としての『観無量寿経』にも、親鸞聖人が書かれた『教行信証』にもまったく出てこない。この段でよく引用される『涅槃経』にも出てこない。

だれかの作り話というわけには行かない。必ず出典があるはずで、調べてみた。結果、『増《ぞう》一阿含経《いちあごんきょう》』*12に認めることができた。

しかし、『増一阿含経』を出典としても、その話を格好な物語に加工して『観無量寿経』の解説に持ち込んだ人がいるはずである。いろいろな方の助けを借りてようやく探し当てたのが、善導《ぜんどう》の『観経疏《かんぎょうしょ》』「序分義」である。善導とは中国浄土教の大成者で、親鸞を宗祖とする浄土真宗各派では七高僧*13の一人に数えられていて、冠たる存在である。親鸞の師、浄土宗の宗祖である法然上人《ほうねんしょうにん》が読み解き、本願寺教団の基礎をつくった本願寺の第八代、蓮如《れんにょ》が読み破った「善導の書」が直接の原典だとしたら、この間違いは筋金入り、よほどの覚悟をもった人が現れないかぎり、改められることはない。

親鸞も、善導の解説は十分に知っていたはずなのに、あえて『教行信証』では「捨てられた」。それはなぜか。そのことの意味をあらためて問い直さなければならないと思う。

人間イダイケ、凡夫イダイケの救済を強調するあまり、実際の『観無量寿経』には直接ふれられてもいない、あまりに愚かしい「女イダイケ」の物語を下敷きにしている善導の解釈を、親鸞は決して「よし」とはしていなかったのではないかと思う。

◉「愚かな女の物語」に仕立てられて

真宗大谷派から出ている『現代の聖典――観無量寿経序分』（第三版、教学研究所編、真宗大谷派宗務所出版部、一九九九年）には、かなりのページをさいて、この因縁話が紹介されている。いまこのときまで、教団の正規の物語として、そのダイバの作り話と善導が持ち込んだ因縁話が愚かな母親の物語として語られつづけていることは、私たち女としては決して見過ごすことはできない。とくにこの物語のクライマックスがとても腹立たしい。

知らせを聞いて駆けつけた釈迦を目の前にして、イダイケが「なぜ私がこんな目に遭わなければならないのか」と嘆く場面がある。自分の息子アジャセに対して昔「殺そう」とまで思って行なった悪行を忘れて、「なぜ私が」と嘆く女の愚かさが「ここぞ」とばかりに語られる。『教行信証』の実際の物語にそって読んでいけば、イダイケの嘆きはもっともだ。ダイバの讒言にだまされて、父を殺し、自分までも殺そうとしている息子アジャセの仕打ちに、少なくとも母親としてはまったく心当たりはないはずである。善導から続く長い歴史にため息が出る。

婦人にとりては聖典もて、（行はるべき）儀式なしとかく法は定めたり。力に欠け又ヴェーダの聖典（の知識）に欠けたる婦人は、虚偽（そのものの如くに不純）なり、とは定まれる理なり。

（『マヌの法典』第九章「婦人の本性」一八）

女はとにかく愚かなのだ。どんなに愚かに描いても、やりすぎにはならない。浄土教の本旨として、そんな愚かな女でも救われることを証明しなければならない。できるだけ愚かな女の物語に仕立てることで、「凡夫の往生」というテーマを際立たせることができると考えた男たちがたくさんいたのだろう。いや、いまもいるのだろう。

その陰で「裏に流れるヒンドゥー教とのせめぎ合い」という、仏教を知るうえにおいて大切なテーマが覆い隠されていくことになる。

◉ビンバシャラはなぜ仙人を殺したのか

この話は、裏に流れるヒンドゥー教の現実が見えないと、ほとんど何もわからない。単に愚かな母親の話になってしまって、本旨がまったく伝わらないばかりか、占い師（バラモン）に頼んだり、生まれ変わりで王子が生まれたり、仏教とは思えないすっきりしない話が延々と続いていく。この居心地の悪さを気にかけつつ、ヒンドゥーとのかかわりをはっきりさせながら、王舎城にはいったい何が起こっていたのかを、あらためて考えてみたいと思う。

王舎城のある「マガダ国」は新興の大国で、ヒンドゥーの伝統から少し離れた国であった。マガダ国は「キータカ国」とも呼ばれていた。その両方が「卑しい国」というほどの意味をもつ、ヒンドゥーの社会では蔑《さげす》まれた新興国という位置づけであったという。それに対して、釈迦の生まれた釈迦族の国はどんな国だったのか。釈迦族はアーリアンで、高い文化をもつ名門国だったというのが通説だが、諸説入り乱れているのが現状だ[*1]。

では、なぜビンバシャラは仙人（バラモン）を殺したのか。偶然だったのか必然だったのか、調べてみた。北陸聞法道場の「資料」のなかに興味深い記述を発見した。仙人が住んでいたその山はバラモンの修行の場所で、修行者以外はたとえ王といえども立ち入ることはできなかった。ゆえに鹿狩りなどが行なわれることはありえない場所であったという。釈迦が初転法輪（初めての説法）を行なったあの鹿野苑《サルナート》を思い出してもらいたい。修行のための清らかな聖地である。マガダの王、ビンバシャラはその山へ、家来を引き連れてあえて鹿狩りに入ったのだ。このことからそのとき、王はすでにヒンドゥー教への明らかな叛意《はんい》があり、バラモンを殺したのは単なる弾みではなかったことがわかる。

ヒンドゥーの社会では、バラモンを故意に殺せば死罪と決まっている。「障がい者」の段で紹介した一節を思い出してもらいたい。バラモンを殺して隠れて生きている者は労咳（肺結核）になる。肺結核はつい先日まで、死ぬしかない病であった。死をもって償わないかぎり、子々孫々まで無事では生きられないという重大な罪なのである。

この世に於て、バラモンの殺害以上の大なる罪悪は、知られざるなり、故に王は彼（バラモン）の殺害をばたとへ心中にても考ふべからず。

（『マヌの法典』第八章「姦淫の罪」三八一）

〔前略〕されど故意にバラモンを殺すことに関しては、如何《いか》なる贖罪も規定せられず。（殺されるよりしかたがないの意）

（『マヌの法典』第一一章「贖罪のための戒行」九〇）

もちろん、この刑の執行者が国王であることは明らかである。当時のインドの社会では、バラモンを殺すなどありえない話で、王自身が殺されても不思議ではない。

しかし、ビンバシャラ王とイダイケ夫人は、ヒンドゥーの影響の比較的薄い、新興の大国に君臨していた。ヒンドゥー教社会を護る古い勢力を打ち砕いて、国を大きくしたいと思っていたとしても不思議はない。そんななかで、そのマガダ国の王であるビンバシャラがバラモンを殺したのは象徴的な出来事であったはずである。

仏伝によると、ビンバシャラと釈迦のつながりはかなり古い。釈迦が修行中にすでにビンバシャラと会っている。「悟りを開いた暁には、必ず説法を聞かせてほしい」と約束した間柄であったことがわかっている（『涅槃経』「獅子吼菩薩品」、『スッタニパータ』「南伝出家経」など）。釈迦が悟りを開いてからこの鹿狩りの日までに、ビンバシャラ王は釈迦と会って話を聞いていたことも十分考えられる。

国王であっても足を踏み入れられない場所があることが、若き王にはおもしろくなかったのかもしれない。それがヒンドゥーの教えに対するもやもやとした気持ちとあいまって、入ってはいけない山に足を踏み入れさせることにつながったのかもしれない。

釈迦に出会って以後、ヒンドゥーの旧習を真実で超えていく釈迦の教えにふれて、若きビンバシャラは人生が変わった。バラモンを殺したあとは、犯した罪を反芻《はんすう》しつつ、釈迦の説法を聞く。少しずつもやもやが晴れていったのだろう。

ヒンドゥーの軛《くびき》から自由になることは、それぞれが人生を生き直すことを意味する。釈迦に帰依することで、国に新しい息吹を吹き込み、大いに発展させようと考えた。タブーを破ることは古い価値を捨てることにほかならない。それは価値のないもののなかに新たな価値を見つけることでもある。現代にも通じるイノベーション、つまり革新・発展の原理のひとつといえる。

以上の状況を考え合わせて読めば、はっきりと見えてくる光景がある。

◉王舎城でほんとうは何が起こっていたのか

ダイバは「釈迦では、いずれは教団が潰れてしまうのではないか」という危惧をもっていた。

その懸念の根拠は「ヒンドゥー教社会」との折り合いの悪さである。

もともとダイバは釈迦のいとこで、あのアナン尊者の兄なのだ。れっきとした釈迦族の出身である。ヒンドゥー教がどういう働きをする社会に生きているのかを十分に知っていた。自分なら、ヒンドゥー社会と上手に折り合いをつけながら、教団を強大なものにすることができる。このような想いをもっていたとしてもおかしくない。

その一方で、国王夫妻の息子アジャセをそそのかして、教団とマガダ国の両方を手に入れようと考えて、チャンスをうかがっていた。

王舎城の悲劇はそんな環境のなかで起こった事件なのである。裏づける話を『涅槃経』のなかから拾ってみたい。


先の父大王〔ビンバシャラ〕は、沙門たちを尊敬されましたが伝統のバラモン僧たちには帰依されませんでした。つまり心のなかでは平等に扱われていませんでした。平等に扱われていなかったのですから、この意味ではクシャトリヤ出身ではありませんでした。大王〔アジャセ〕、あなたはいま、もろもろのバラモン僧を供養しようとされているので、父大王を殺害されたことになんの罪がありましょうか。殺害したことにはなりません。

(田上太秀『ブッダ臨終の説法―完訳 大般涅槃経―2』大蔵出版、

一九九六年、三二三頁。以下『完訳 大般涅槃経2』と略記)

無所畏《ムショイ》という大臣が、重い心の病にかかったアジャセを慰める言葉として語っている。父王ビンバシャラは反バラモン、アジャセはバラモンに傾倒していたことがよくわかる。このことが事件の背景にあったことは明らかである。親鸞もこのことは了解していたことがうかがえる。『教行信証』の『涅槃経』の長い引用のなかに以下の文章が入っている。

〔前略〕父王は自分で罪をつくって、自分でその報いを受けたのである。王には父を殺したという罪はない。〔後略〕 (『顕浄土真実教行証文類—現代語版—』本願寺出版社、二八九頁)

釈尊がアジャセに語った言葉のなかの一節である。親鸞が『涅槃経』のなかのこの釈尊の言葉をあえて引用しているのが興味深い。

◉王妃イダイケの選択

ビンバシャラとイダイケは釈迦の弟子であり、また、スポンサーとして釈迦教団では重要な人物であった。王舎城の出来事は釈迦にとっても大変な事件であった。

一方、座敷牢《ざしきろう》に閉じ込められたイダイケは、大切に育てたはずの息子アジャセの仕打ちに「愁憂憔悴《しゅううしょうすい》」する。そして釈迦教団に自分の窮状を知らせる使者を送る。普通はここで釈迦のお出ましを願うはずなのに、イダイケは「世尊は威重《いじゅう》にして、見たてまつること得るに由なし」と、自らモクレンとアナンを指名するのだ。

なぜこの二人なのだろうか。これについても「王妃イダイケは、自分の『身から出た錆《さび》』を釈迦に指摘されることを恐れて、その弟子を指定した」などという解説がいまでもまかり通っているのだ。こんな解説を聞くたびに嫌な気分にさせられる女たちの存在を一度も想像だにしない教団の現実に、ほんとうに気が重い。私がようやくスッキリする解説に出合ったのは、そんなに昔ではない。

比後孝の話を紹介したい（彼はこの本に補論として「真俗二諦《しんぞくにたい》について」を書いてくれた）。彼は「モクレンとアナンの指名は、イダイケにとっては考え抜いた選択だった」というのである。

まず、この窮状のなかで、王に危害を加えられることなく王舎城にやってくるには、この二人ほど安全な人物はいないのだという。アナンがダイバの実の弟であることは、仏教徒にはよく知られている事実である。アジャセはダイバに「そそのかされている」という状況を考えれば、ダイバの実の弟に自ら手を出すことはまずありえない。一方、モクレンはアジャセの国であるマガダ国の出身で、しかもビンバシャラ王の母方の親族であるという。もし、アジャセがモクレンを殺すようなことが起こったら内戦が起きるほどの力をもつという、有力な一族の息子なのだという。

たしかに、モクレンがマガダの王の親族なら、アジャセといえども無事には済まない。この二人こそがそのときの釈迦教団のなかではベストの選択だったと、たしかに思う。

そうなればなおさら、イダイケが自ら釈迦のお出ましを要請することなど、まずありえない。釈迦教団の行く末を考えたら、釈迦に危険が及ぶ選択はしないはずである。「威重にして、見たてまつること得るに由なし」という言葉の裏に、そんな配慮が隠れているとしたら……そして何よりも、息子アジャセに「これ以上、身内同然の人たちを殺させたくはない」という親心が働いているとしたら……息子に殺されるかどうかの瀬戸際に、瞬時にそれだけの判断ができるイダイケは、賢くて冷静な人物である。ビンバシャラ王の妃としてふさわしい存在であったことをうかがわせるに十分な話だと私は思う。

イダイケから伝令がやってきたそのとき、霊鷲山では釈迦が『法華経《ほけきょう》』を説いていた最中だった。急を知らせる使者に、イダイケの心配をよそに釈迦自らがモクレンとアナンを伴って駆けつける。床に身を投げて泣くイダイケは、釈迦に「願わくば我に清浄の業処（浄土）を観ぜしむることを教えたまえ」と頼むのだ。そこまでが『観無量寿経』の「序分」とされている。

内省したイダイケは、釈迦が見せてくれた数々の浄土のなかで、自ら阿弥陀の浄土を選ぶのである。そしてそこへいたる方法が数々示されるなかで、「下品下生《げぼんげしょう》」*14の「凡夫」の往生が語られ、称名念仏による浄土往生が示される。それがこの経典の本論「正宗分」である。

釈迦が見せてくれた数々の浄土の様《さま》を観るその方法を「観法《かんぼう》」と称し、のちに中国で大流行することになる。簡単にいえば、瞑想して浄土を観る方法で、修行して得られる「上品上生《じょうぼんじょうしょう》」から、「ただ念仏する」だけで浄土に生まれる「下品下生」まで、九種類に分類されている。釈迦はイダイケに、どの方法によって自分は浄土に生まれるのかを「イダイケ自らの自覚」で選ばせた。イダイケは、どんな修行も「及びがたき身」であることを自覚して、もっとも簡単な方法、ただ念仏を称《とな》えるだけで浄土に生まれいくことのできる「下品下生の阿弥陀の浄土」を選ぶのである。

いうまでもなく、愚かな、決して救われることのない女イダイケが、自ら凡夫として救われていくには、彼女自身の選択であってこそ意味があるのである。

◉王妃イダイケの回心

「凡夫《ぼんぶ》」についてちょっと説明が必要かもしれない。凡夫というのは、読んで字のごとく凡な人、「ぼんじん」「ただびと」とも読まれているが、辞書を繰ると、宗教用語で「仏教の真理を悟ることができなくて、煩悩のなかに迷っている人」という意味であることがわかる。しかし親鸞の場合、そこを少し深めて、独特な意味をもつ言葉として使っている。

したがって、親鸞の理解に従ってその凡夫を考察してみる。身分の高い人・偉人であっても、それだけで仏教の真理を悟ることができるかといえば、「否」ということはだれでも理解できる。しかし、修行を積んだ僧侶らは普通は凡夫（ただびと）とはいいがたい。親鸞の言う凡夫は、それらの人々でも、救済されるときは素顔の人間として救われていくことを示唆している。つまり、凡夫というのは、その人の外側からのさまざまな見え方ではなくて、人間の自覚の内容としてのみ成り立つ言葉として使われているのだ。

「凡夫という自覚をもった人だけが救われる」といったらわかりやすいかもしれない。イダイケが、ここで「観法」によって見せられるさまざまな浄土に、凡夫である自分は「とても及びがたき身」であるとはっきり自覚したからこそ、イダイケのための最後の「下品下生」における阿弥陀の浄土が釈迦によって開かれていくのである。

もともと王舎城の物語は、観法のための単なる導入部分にすぎなかったのではないかと私は思っている。それに愚かな女イダイケを登場させることで「凡夫の自覚」という大切な深みへと導いていく。そのように話を深めたのも善導に違いない。イダイケはことのほか愚かな女であってこそ、経典は深まっていく。この経典が浄土教として深まれば深まるほど、イダイケの愚かしさが際立ち、イダイケの愚かしさが際立てば際立つほど、ありがたく感動的な話となり、愚かな女がその愚かしさの自覚でもって救済されていくことになる。長い歴史にため息が出る。

親鸞は、知っていたにもかかわらず、善導の解釈は丁寧に排除している。善導の深みと親鸞の理解、私たちはこの二つに橋をかけ、そこに溺《おぼ》れる女たちを何としても救い出さなければならないのだと私は思う。

イダイケは釈迦の説く仏法によって目覚めて「未来の衆生」とともに救済されていく。そこがこの経典の大切なところだ（流通分）。つまり釈迦は、イダイケをいまを生きる私たちに託された。それでも釈迦が見捨てなかった「愚かな女イダイケ」としてではなく、ビンバシャラ王とともに釈迦教団を支え、ヒンドゥーという社会のなかで、女として生き抜き、そして息子の「回心」を願いつづけ、最初の念仏者として「回心」していった見事な女イダイケとして、釈迦は私たちに託されたのだ。

凡夫救済が本旨の『観経』が開かれる、そのときに救済されたのは実は女だった。最初の念仏者はほかならぬ女であったのだ。

女が人間に仲間入りすることさえむずかしかった古代のインドで、ヒンドゥーと闘い、そのなかで見事な仏教徒として生き抜かれたイダイケ。そのイダイケを釈迦は私たち未来の衆生に託された。その意味をほんとうに私たちは知らなければならないのだ。イダイケの生涯を心に刻みたいと思う。

◉『法華経』はどうなったか

さて、霊鷲山をあとにして釈迦が王舎城へと駆けつけたことで、せっかく釈迦が説かれていた『法華経』はどうなったのか。

仏教には各派があるが、以下は浄土門の独り言として聞いてもらいたい。

『法華経』は、「法の華」と呼ばれるように、釈迦の生涯でいちばん大切なお経とされている。「我妙法華《われみょうほうげ》を説かん」として始まった『法華経』には、実は「妙法華」なるものは説かれていない。説法を中座してでも駆けつけなければならなかった、凡夫イダイケの回心こそが、釈迦の妙法華であった。このように私たちは聞いている。

『観無量寿経』は、釈迦が直接弟子たちに説かれた教説ではない。霊鷲山で「事の顚末《てんまつ》」を心配して待つたくさんの弟子たちに、アナンがいままで起こったことのすべてをつつがなく伝え、それを聞いて、居並ぶ弟子たちばかりではなく、「龍」や「夜叉」までが歓喜したと記して、この経典は終わっている。

やがてアジャセも涅槃直前の釈迦に会い、父王との確執を超えて、深い内省の末に回心する。その様子が語られるのが『涅槃経』である。そのアジャセの回心によって、マガダ国は仏教国として混乱からよみがえり、やがて全インドを統一する仏教者「アショカ王[*15]」を生み出す未来へとつながっていったのだった。

◉六師外道の時代

釈迦の時代をクリアにするために「六師外道《ろくしげどう》」について述べておきたい。『涅槃経』のアジャセの回心の段に登場する。

アジャセは、父王殺害に対する深い後悔に苛《さいな》まれて重い心の病にかかってしまう。経典ではそれを、全身から悪臭を放つ皮膚病と表現している。国王の仕事もままならない事態に、六人の大臣がそれぞれ六人の師を紹介して、心の病を治そうとする。

その六人が六師外道である。当時のインドでは、ヒンドゥー教にがんじがらめになっていた社会の息苦しさに耐えかねて、ヒンドゥーを超える教理を求めて六人の思想家（沙門）が生まれたが、彼らは六師外道と呼ばれた。「外道」というのは決して蔑称ではない。仏教から見た呼び名で、「われわれの仏教以外の教えとそれを信奉する人々」というほどの意味をもつ。この場合の六師は、自らをヒンドゥー教とは認めていないので、「仏教以外の、ヒンドゥー教ではない教え」をもつ六人の指導者といえるだろうか。

彼らに、仏教を開いた釈迦を合わせて七人の思想家（宗教家）が論を闘わせた、ある意味、エネルギーに満ちた豊かな文化が当時あったのかもしれないと思う。しかし、六師といえども、ヒンドゥーを母胎にしたものも多く、カースト制度や、来世を実存的に信じることそのものを否定したものは少ない。親鸞は、そのなかのジャイナ教のマハーヴィーラ以外の五人を「梵士」(ヒンドゥー教徒)と呼んでいて(「正像末和讃」『真宗聖典』真宗大谷派、五〇九頁)、ジャイナ教ともども、「鬼神《きじん》信仰」「罪福《ざいふく》信仰」であると喝破している。

「鬼神信仰」「罪福信仰」とは、祟《たた》りをもたらしたり、欲望を叶《かな》えてくれたりする神を自分の都合に合わせて頼む信仰一般をさす。それは、形は違ってもヒンドゥー教の現実そのものである。

私が知るかぎり、親鸞聖人は人々の素朴な自然への畏敬や信仰心を必ずしも全否定しているわけではない。その素朴な信仰心が為政者に利用され、現世や来世の幸福と引き換えに、いまを生きる私たちの自由が奪われることを警戒しているのだ。素朴な神が「鬼神」に変わるところに、常に国家の影が見え隠れする。国家に操られたら、素朴な信仰心が「鬼神信仰」となってしまうことを戒めているのだと思う。その根底にあるのが、明らかにヒンドゥー教に対する洞察ではないだろうか。親鸞聖人がパーリ語やサンスクリットを読めたとは思わないが、漢訳経典の裏にあるヒンドゥー教の現実を喝破していたのではないかと私は考えている。親鸞の説いた「絶対他力の阿弥陀の浄土」の「信」こそが、「鬼神信仰」や「罪福信仰」を見分け、しかも人間が真の自立を成し遂げることのできる原理のひとつであると私は思う。

五　「是栴陀羅」が問いかけるもの

◉『観無量寿経』に登場する「是栴陀羅」

『観無量寿経』のなかでもうひとつ注目したいことがある。いわば二つめの問題点である。浄土三部経のなかで、「栴陀羅《センダラ》（旃陀羅）」やヒンドゥー教の経典が直接の言葉として実際に登場するのは、この経典ただひとつなのだ。

『観無量寿経』に親しんだ人ならだれでも知っているが、それらは物語の途中で大臣が語った話のなかに出てくる。

物語をもう一度、紹介しよう。

ビンバシャラ王を殺害する目的で幽閉し、王の座を奪ったアジャセは、父にこっそり食物を運んでいる母の行状を知って逆上し、母を殺そうと刀を振り上げる。そのアジャセを体を張って止めたのは、ガッコウとギバという二人の大臣であった。

はじめにガッコウが言う。

「大王、臣聞く、『毘陀論経《びだろんきょう》』に説かく、劫初《こうしょ》よりこのかた、もろもろの悪王ありて国位を貪るがゆえに、その父を殺害せること一万八千なり。未《いま》だむかしにも聞かず、無道に母を害する事あるをば。王いまこの殺逆の事をなさば、刹利種《せつりしゅ》を汚してん。臣聞くに忍びず。これ栴陀羅なり。宜《よろ》しく此《ここ》に住すべからず。」時に二の大臣、この言葉を説き竟《おわ》りて、手をもって剣を按《おさ》えて却行《きゃっこう》して退く。
（「仏説観無量寿経」『真宗聖典』真宗大谷派、九一頁）

『毘陀論経』というのは、ヴェーダと呼ばれるヒンドゥー教の聖典の総称である。ざっと現代文に直してみる。

「王様、ヒンドゥーの経典に説いてあると私は聞いています。世界のはじめよりこのかた、いろいろな悪王がおり、権力のために父親を殺すことは数えきれませんが、無道にも母親を殺したという話はいまも昔も聞いたことがありません。いまもし王がそのようなことをなされば、王族（刹利種＝クシャトリヤ）全体を汚す行為であります。臣である私たちは聞くに忍びませんが、あなたは（その行為で）センダラになります。ここに住むことはできません。」二人の大臣は刀の柄《つか》を押さえて退いた。

◉「是栴陀羅」は「あなたはセンダラになる」と解釈すべき

ここで、どうしてもはっきりさせておきたいのは、この章のテーマである「是栴陀羅」（「これ栴陀羅なり」）の意味合いである。東本願寺刊『現代の聖典』（第三版、一九九九年）ではどうなっているか、見てみよう。

もしいま王さまが、そのような悪逆無道なふるまいをなされば、クシャトリヤの名誉を汚すことになるでしょう。わたくしどもには耳にすることさえ堪えられません。それはチャンダーラのすることです。

『現代の聖典』では「母殺しはセンダラのすることだ」と言っているのだ。さしずめ手に入るものを比べてみた。

このようなことは栴陀羅のすることです……

（『浄土三部経』現代語訳、東本願寺）

それは低いカーストに属する者というべき……　（堤玄立『浄土三部経』法蔵館、一九八三年）

ニュアンスを整理しながら読んでいくと、家臣に「それはセンダラのすることだ」と脅されたと読者には読めてしまう。

大臣に脅されたくらいで国王がほんとうにやめるだろうか。大臣が脅して済む話なら、父王が死ぬこともなかったはずである。ここで展開されている物語は実はもっと深刻で決定的だ。大臣の言葉を聞いたアジャセの動揺は尋常ではない。なぜなのか。「是」という字には「如し」という意味はない。もし「まるでセンダラのようだ」と読ませたかったら、「是」という字ではなくて「如栴陀羅」となっていなくてはならない。「是栴陀羅」を素直に読むと「あなたはセンダラだ」となる。アジャセは「いまここで母を殺せば、あなたはセンダラだ」と二人の大臣から判決されたのだ。その根拠は当時のヒンドゥー社会の掟である。

『マヌの法典』には「母殺し」の規定はない。しかしこの法典は、前述したように「すでにある」生活規範をある時期に成文化したものであることがわかっている。

また、当時は大筋でほぼ似たような内容の法典が複数あったことが知られている。したがって、「母殺しは、センダラか、もしくは同等の者に落とされる」という掟が実際にあったと考えるべきで、ここであげられている『毘陀論経』のなかに記述されていたか、もしくは伝承されたものがあり、当時の社会では周知の事実だったと見るべきである。

◉「毘陀論経説」はどこまで及ぶか

大切なところだから詳しく見ていこう。面倒な話だが、付き合ってもらいたい。

実際の経典を引用してみよう。

臣聞毘陀論経説、劫初巳来、有諸悪王、貪國位故、殺害其父、一万八千。未曾聞有　無道害母。王今爲此　殺逆之事、汚刹利種。臣不忍聞。是栴陀羅。不宜住此。

（「仏説観無量寿経」『真宗聖典』真宗大谷派、九一頁）

句読点に注意して読んでいくと、「臣聞毘陀論経説」で始まる文章は、「一万八千」のところで句点によって区切られていて、ガッコウがヴェーダに書いてある内容を説いているのは、「国欲しさに父を殺す例は一万八千」までであるようにも取れる。しかし、もしこの句読点がなかったり、違う場所についていたらどうなるのかと考えてみる。

実際の経典には、当然のことながら、句読点など付いていない。そもそも、句読点というものが使われるようになったのは、明治以後である。ちなみに、いまのような句読点が印刷物にキチンと付けられるようになったのは一九〇六（明治三九）年、文部省が国定教科書の基準として「句読法案」を定めたことが始まりなのだ。

なぜこんなことをあえて言うのかと思うだろうか。「毘陀論経では……国欲しさに父を殺す例は一万八千」と、ヴェーダの内容をここまでに限定して読ませることを前提にした人たちが、この大谷派の『真宗聖典』を編集したことを私はここで確認したかったのだ。もっといえば、彼らには明らかに次に続く話に対する先入観があった。

続く文章「未曾聞有　無道害母。王今爲此　殺逆之事、汚刹利種。臣不忍聞。」を、わかりやすく書き下し文で見てみよう。

未だむかしにも聞かず、無道に母を害することあるをば。王いまこの殺逆の事をなさば、刹利種を汚してん。臣聞くに忍びず。
（「仏説観無量寿経」『真宗聖典』真宗大谷派、九一頁）

つまり、「非道にも母親を殺すなどということは昔から聞いたこともない。王がいま母君を殺害されるなら、それは王族を汚す行為である。家来のわれわれは聞くのも忍びない」。この部分の話の主はガッコウである。明らかにガッコウの想いである。

従来の読み方では、父を殺す話はガッコウが聞いて知っている『毘陀論経』に出てくる話で、次に続く母殺しの話は単なるガッコウの見識ということになる。そのまま読み進んでいくと、最後の「是栴陀羅。不宜住此。」までがガッコウの意見ということになる。

しかし、読み込んでいくと違和感があることにすぐに気がつく。わざわざ『毘陀論経』まで持ち出して言わせたのは、「権力欲しさに父王を殺す王は数知れず」というだれでも知っていそうな話だけなのだろうか。

そこに注意して読み込むと、次のように読めてくる。

「権力欲しさに父王を殺す王は数知れず」と、それに続く「非道にも母親を殺すなどということは昔から聞いたこともない」の二つが「父・母」で対になっているのではないか。その両方が実はガッコウの想いなのだと読めてくる。

◉母を殺すと「センダラになる」

では、最初の句「臣聞毘陀論経説」はどこまでにかかるのかを考えながら、次を見ていこう。ここまでくると大体の構造が見えてくる。「臣聞毘陀論経説」のあとの「、」を「。」に変えたらどうなるか。冒頭の「臣聞毘陀論経説」が文章全体にかかることになる。

臣はヴェーダで説いてあると聞いている。国欲しさに父を殺す例は一万八千、しかし非道にも母親を殺すなどということは昔から聞いたこともない。王がいま母君を殺害されるなら、それは王族を汚す行為である。家来のわれわれは聞くも忍びない。王はセンダラになる。城に住することはできない。

このなかのどこが一番のポイントなのか。いうまでもなく「王はセンダラになる」、つまり「是栴陀羅」なのだということがわかるのだ。ガッコウが『毘陀論経』まで持ち出してほんとうに言いたかったことは、母を殺すと「センダラになる」という事実なのだ。

母を殺すのがなぜ王族を汚す行為なのか、大臣がなぜそんなに聞くに忍びないのか。これを倫理・道徳の世界の問題だと考えると、途端に事の本質が見えなくなる。これは、次にくる「是栴陀羅」を「アウトカーストに落ちるのだ」ととってこそ、はっきりするのだ。

◉大臣は剣の柄に手をかけて迫っている

次に続く文をすでに紹介した「書き下し文」で見ていこう。

時に二《ふたり》の大臣、この言葉を説き竟りて、手をもって剣を按えて、却行して退く。

（「仏説観無量寿経」『真宗聖典』真宗大谷派、九一頁）

このフレーズはとても大切だ。「この言葉を説き竟りて」となっていることに注目したい。ガッコウは単に意見を述べたのではない。ヴェーダの教えを「説いた」のだ。続いて手で剣を「按えて」いる。この按という字は「おさえる」と読むが、単に「押さえる」ではない。この字が按分・按配などに用いられるように、ここでの「按」は、熟慮しつつ、場合によってはいつでも動くことを前提に抑えているということだ。

ヒンドゥーの社会では、自分の仕える大王がセンダラになることなど、とうてい容認できない。大臣は原則世襲と定められているが、母殺しでセンダラに落ちてしまう王をもつなどということはありえない話だ。二人の大臣は、場合によっては「あなたを追い出すぞ」、さもなくば「あなたを殺すぞ」という気迫で剣の柄に手をかけているのだ。

二人の大臣が後ずさりしたのは逃げるためでは決してない。後ろに控える軍にいつでも指図ができるという態勢をとるためにほかならない。当時の社会では、センダラになるだろう王の味方につく兵士などはほとんどいない。それらすべてがこの言葉にかかってくるという重さが「是栴陀羅」にはあるのだと私は考えている。*16

◉ガッコウはバラモンだったのではないか

経典に即し、当時のヒンドゥー社会を前提にして、最後のニュアンスをもう一度、確認してみよう。「是梅陀羅」のあとに続く「不宜住此」という語、「ここ（城）に住することはできない」に注目してみる。これは決定的な言葉である。城から追い出されたアジャセのその後の姿まで見通す内容をもっている。それは同時に、ヒンドゥーの掟を破ったアジャセがインドの社会から葬られてしまうことを意味する。その掟がどれだけ過酷かはすでに見てきた。殺されてしまうことと同義なのである。

ここに登場する二人の大臣は重要な役回りを引き受けている。二人のうちギバは仏弟子であり、アジャセの異母兄で高名な医師であった。

アジャセに「ヒンドゥーの掟」を突きつけたのはガッコウという大臣で、前後の記述から、ヒンドゥー教徒であったことは明らかだ。「ヒンドゥー教徒」と「仏弟子」が王舎城の中で入り乱れていたのだろう。彼は、当時の社会通念で生きていた普通の、博学でまじめで有能なトップ官僚であった。もちろん、城で働く彼らのカーストはすべて王族（クシャトリヤ）以上であるのが普通である。先述したが、大臣は原則世襲で、七人から八人が王によって任命される。王族のなかでも学問に通じ武術に長じた勇者で、家柄のよい者が要職に着く。（『マヌの法

典』第七章「王」五四）

ガッコウのカーストはわからない。普通は名前がわかればカーストがわかるのだが、彼はほかの経典には出てこない人物で、『観経』はインドの原典が発見されていないから、漢訳された「月光」という名前だけでそのカーストを推測することはむずかしい。

しかし、彼の、ヴェーダに従わせる毅然とした態度からして、バラモンだったのではないかと私は考えている。バラモン以外の人がヴェーダの内容について述べ、人をジャッジすることは許されていなかったからだ。城で王族に交じってバラモンが大臣などの役職で働くことは珍しいことではない。自分のカーストより上の仕事には就けないが、下の仕事に就くことは許されていたのである。したがって、バラモンは王権はもたないが、王の補佐として働くことは普通のことだ。学問と武術に通じていれば、王が任命することに問題はなかったはずである。

王が犯罪を犯し、その資格を失ったら、大臣が刑罰を執行してもおかしくない。アジャセは、父母への反発のためか、ヒンドゥー教に傾倒していたことは、『涅槃経』を引用しながらすでに述べた。したがって「掟」は知っている。ギバに助けを求めたが、ギバも毅然として首を横に振る。アジャセの母殺しをやめさせるには、ガッコウの論理に従うほかはないことを知っていたからだろう。この場合、彼らが裁定したら、即、実行を迫られる場面である。ヒンドゥーの社会では、こうなれば、二人の大臣が即座に軍を掌握することは容易に想像できる。アジャセが事態を理解するのに時間はかからない。青ざめて刀を捨てることになったのは当然のことである。

◉なぜ父殺しは止められなかったのか

すでに何度も述べたが、この物語で重要な役割を果たす二人の大臣のうち、仏教徒であるギバは、ビンバシャラ王が踊り子に産ませた子どもで、アジャセの腹違いの兄であったことがわかっている。ビンバシャラ王の庇護を受け、一定の年齢まで王宮で育ち、高い教養の持ち主だった。職業は医師。名医として国の内外から篤い人望があり、国では財政を担う大臣だった。

彼は、王宮で唯一の庇護者であったはずの、血のつながった父を弟が殺すのをなぜ止められなかったのか。母殺しは止めたのに、父殺しは止められなかった。このことはとても興味深い。

アジャセは「国欲しさに父王を殺」した悪王のようになっているが、一方では、「バラモンを殺した父王を成敗する」という行為は、当時の社会通念としては「正義」のひとつだったのではないか。それを表に出すかぎり、ヒンドゥーの社会ではだれも止められなかったのではないかと私は思っている。父殺しは止められず、母殺しは止められた。この二つをつなぐ正義こそ、ヒンドゥー社会の産物であったはずである。

兵を動かし、謀叛者《むほんもの》は家臣でも斬って捨てる絶大な権力をもつ王が瞬時に刀を捨て、うなだれる理由が、単なる道徳であるというのはどう見ても無理がある。今日までそのような無理な解釈がされてきたのは、経典（『観無量寿経』）を解釈する人たち自身が、ヒンドゥーを目線の端にひっかけることすらなく現在までいたっているからだと思う。

◉女は母としてしか尊重されない

女である母を殺したらセンダラに落とされるのに、男である父を殺しても無罪。蔑《さげす》まれている女の現実をこれだけ見てきたあとだけに、違和感があるという人もいるかもしれない。しかし、男の人の感覚は私にはわからないが、女にはあまり違和感がない。女が尊敬されるところはただひとつ、「母」という立場だけであることを、私たちは体験的に知っているからである。子どもを産まない女が「石女《うまずめ》」として婚家から追い出された歴史も長く続いてきた。また、男を産めない女はどんなに肩身が狭かったか。私の母も、子どもは女の私一人しか産めなかった。寺の後継ぎをつくれなかった母に対するまわりの視線こそが、私をフェミニズムに近づけた。

母を大切にする立場は、決して女そのものを大切にする立場ではない。繰り返すが、『マヌの法典』でも、女が尊重される場所は「母の座」だけに限られているのだ。この物語では、アジャセが殺そうとしていた女が、後継ぎである彼を産んでくれた母であったことこそ重要なのである。

また、産むという行為にどれだけ敬意を表しているように見えてはいても、お産の血を産《さん》褥《じょく》として忌み嫌うことはいまも続いているし、いまだに分娩室を産褥室と書いてある産婦人科は決して少なくない。

◉被差別部落の人々を傷つけてきた「是栴陀羅」

この「是栴陀羅」という一文をどう解釈するのかは、被差別部落の人たちにとっては大きな問題であった。真宗大谷派教団のなかで同和問題を中心とする反差別運動の草分けともいうべき橘了法《たちばなりょうほう》＊17という人が晩年に、『観無量寿経』のこの一節で被差別部落の人たちがいかに傷ついてきたかを語ってくれたのを覚えている。

「部落の者は母を殺す」ととれるのだという。たしかに、いま訳されている訳文の大半は「母殺しをする（という）センダラと同等の者に成り下がるぞ」という意味にとれてしまう。

「母殺しはセンダラのようだ」と解釈するのと、「母を殺したらセンダラの階級に実際に落とされてしまう」と解釈するのとでは、その意味がまったく違ってくる。前者には「センダラの社会に母殺しが常態化していた」という内容が含まれるが、後者は「母殺しの罪はセンダラになることによって償わねばならない」という掟があったということであって、「センダラは母殺しだ」ということにはならない。

前者ととれば、「苦しむ人たちがいる」という橋の指摘はとても重い。こんな大切なところがいまもってハッキリしていない。

この稿の第一稿を書き上げた二〇一五年の二月ごろのこと、広島県の部落解放同盟の人たちが「是梅陀羅」について東本願寺に問題提起をしたという内容が、大谷派の機関誌である『真宗』に掲載された。柏原祐義《かしわばらゆうぎ》『浄土三部経講義』（無我山房発行、一九一二年初版）には、次のような「梅陀羅」の「字解」があったという。

梅陀羅　梵音チャンダーラ（Caṇḍāla）、暴悪、屠者など〻訳する。四種族の下に位した家無の一族で、漁猟、屠殺、守獄などを業とし、他の種族から極めて卑しめられたものである。穢多、非人といふほどの群をいふ。

この「梅陀羅」の「字解」について、真宗大谷派の教学研究所編『現代の聖典　学習の手引き』（真宗大谷派宗務所出版部、一九九九年）は、柏原祐義『浄土三部経講義』に関する解説で、それが改訂された経緯を「昭和二十六年八月十五日発行の第三十三版（刷）では『穢多、非人といふほどの群をいふ。』の部分が『つまり昔の印度人の誤れる種族観念の所産である。』と改訂されている」としていたが、実際には第三六版（一九六四年五月一日）でも、ここに引用したままであったという。これが一点目の問題点である。

解放同盟は二点目として、この「是栴陀羅」問題について『現代の聖典　学習の手引き』が、ガッコウの視座と『観経』の視座は違い、直接「是栴陀羅」と発言したガッコウ（だけ）が差別者であって、『観経』自体は差別経典ではないと解説している点を批判している。

ガッコウはヒンドゥー教徒なのだ。ひょっとしたらバラモンかもしれない。彼が差別者であるかどうかというレベルの問題ではない。彼らの生きている社会そのものが、人の下に人をつくることで成り立つ社会である。釈迦の教えはその社会の有り様そのものを問うているのだ。教団のなかの指導的な立場の人たちのだれもが、ヒンドゥー社会に対する知識をまったくもっていなかったのだろうか。何の説得力もない教団側の言い訳文を読みながら、いまだに状況は変わっていないことを実感して胸が苦しくなる。柏原祐義の「字解」のなかで、センダラというカーストの人々を「暴悪」と決めつける感覚がもっとも腹立たしい。彼らは、当時の民衆統治の道具と化した「ヒンドゥーの掟」によって人の下につくられた人であって、「暴悪」でもなければ「母殺し」でもない。

現在使われている『現代の聖典』（第三版）をもう一度、見てみよう。

「〔前略〕もしいま王さまが、そのような悪逆無道なふるまいをなされば、クシャトリヤの名誉を汚すことになるでしょう。わたくしどもには耳にすることさえ堪えられません。それはチャンダーラのすることです。〔後略〕」

こんな表現になんの痛みも感じられない人たちが教団を動かしてきたことに怖さを感じる。「お寺の住職」は、もともとそんな表現に引っかかる人などとても少ないに違いない。こんな表現を読んで、現在もなおインドに存在する数多くの、アウトカーストという立場に苦しむ人々へ想いを馳《は》せる感覚があったら、現在の教団はもっと変わったものになっていたと私は思う。

いま、このときでも、インドでは二〇分に一度の割でレイプ事件が起こっていて（二〇一二年のインド政府の統計）、その犯行を隠すためにたくさんの被害者が殺害されている。その被害者は各階層の女たちに広がってはいるが、圧倒的にアウトカーストの女性が多い。殺して「交わった証拠」を消すしかないからなのだろう。これらの事件は、ヒンドゥー社会のカースト制度やその女性観と切り離して論じることはできない。アウトカーストの人々は被害者でありこそすれ、「暴悪」でもなければ「母殺し」でもない。

数千年の歴史がつくりあげた、逃げ場のない現実を生きている人たちがいまもいる事実に心を寄せ、釈迦の願いに耳を澄まさなければならない。

「解放新聞」広島県版（二〇一六年二月五日号）から部落解放同盟広島県連合会顧問の小森龍邦《こもりたつくに》が「是梅陀羅」について真宗大谷派に呼びかけた文章を引用したい。

〔前略〕「まことに知んぬ。悲しきかな愚禿鸞《ぐとくらん》、愛欲の広海に沈没《ちんもつ》し、名利《みょうり》の太山《たいせん》に迷惑して、定聚《じょうじゅ》の数に入ることを喜ばず、真証の証《さとり》に近づくことを快《たの》しまざることを、恥ずべし傷むべし」と言われた、あの〔親鸞聖人の〕内省、自省の気持ちに立って、『観無量寿経』をしっかりと読み直して、今日の人権水準の思想に合うように、乗り越えてもらいたい。

差別を受けるものは、すでに何百年間もそのことで苦しめられている。その苦しみを抜苦する。苦しみを抜くという大慈大悲心である。大慈大悲心とは限りなく同一地平に立つということと、苦しみを抜くということである。

そのことから言っても、直接苦しみを受けるものが訴え、それも二、三年で、思いつきで言っているのではなく、実に水平社以来、松本先生が東西両本願寺の幹部と話をされてから七五年の歳月が経つのであるから、この際、思いきったことをやっていただきたいということを、切にお願い申し上げたい。

静かな怒りが胸を打つ。教団は、彼らの被差別の現実を宿業《しゅくごう》ととらえて、「耐えるなかからこそ念仏と出会える。耐えるなかにこそ往生の正因（信をいただくことのできる本当の因縁）があるのだ」と教えてきたのではなかったかと思う。動かせない身分制度のなかで生きた江戸時代なら、そう言わなければ殺された。しかし、いまは身分自体が存在しない。なぜ聞き流してこられたのか。なぜ目先の注釈だけで解決しようとしてきたのか。七五年も言いつづけられても、根本的な解決の案さえ出せない恥ずべき私たちの現実。差別されつづけた彼らと御同朋《おんどうぼう》として同じ法座に立つことさえ、彼らに恥ずかしい。

こと差別に関しては、それらの元を紐解《ひもと》いていくと、釈迦の時代にまで戻っていく。経典に載せてインドの差別をばらまいた歴史を、ほんとうにもう終わりにしなければならない。まず、そこをはっきりさせたうえで、経典の記述をどうするのかの議論をすべきだと思う。本稿がそのたたき台になればよい。さしずめ『現代の聖典』の訂正は緊急の課題である。

六　大乗仏教の女性観

◉「変成男子」と女人性

「大乗仏教の女性観は」と聞けば、「変成男子《へんじょうなんし》」という答えが即座に返ってくる。特別、仏教とかかわりのない人にとっては聞きなれない言葉であると思う。読んで字のごとく「変わりて男に成りて（救われる）」という意味である。これが大乗仏教では、一〇〇人に聞けば一〇〇人とも同じ、「古来より変わらぬ」仏教の女性観である。いまにいたるまで動かせないセオリーとして、女たちの前にそびえ立つ。

「女が男に成って救われる」、裏を返せば、女は女のままでは救われることはない。

そこで「なぜ？」を重ねていくと、大概は挫折する。仏の条件とする形に女は当てはまらないとか、女は何々というものには原理的になれないからとか、あまり大したことは言っていない。釈迦は男だから、どれも当たり前の話である。しかし、そんな、一見、合理的に見えるような、しかし無駄な言い訳は私たちにはまったく説得力がない。『マヌの法典』が教えてくれたように、ヒンドゥーの女性観がその原因のすべてであることは明らかである。

◉『涅槃経』の女性観

そこらをはっきりさせるために『涅槃経』を見てみよう。すでにこの稿でも引用しているが、この『涅槃経』は、『観無量寿経』に出てくるアジャセが最後に回心して救われていくプロセスを説明するのに、親鸞聖人が『教行信証』の「信の巻」で何度も引用しておられる。『涅槃経』というのは、文字どおり、釈迦の涅槃を悲しんで、すさまじい数の人々が集まってくるという話である。この経典作者の構想力は大したものだと思う。

釈迦の死に際して、いろいろな人が集まってくるという筋立ては、ありえない人たちの出会いを演出できるということでもある。ヒンドゥーの神やさまざまな菩薩《ぼさつ》が、それぞれ宇宙規模のお供えを持って釈迦の元へやってくるという話は、実に壮観である。

しかし、その壮観さはそのまま、過酷な女性観を映す合わせ鏡でもあるという構造になっている。

釈迦の涅槃に集まってくる尼僧たちの場面を引用してみよう。引用が続くが、ぜひそのまま読んでもらいたい。

また、娑婆《しゃば》世界で女身のままでブッダとなる姿を示した。人々は、女身のままで最高のさとりを達成するとは考えられないことだと言った。そのとき、じつは女身になりきったのではない。ただ多くの人々を教化するためと思って女身の姿をかりに示したのだ。とにかく、すべての人々を憐愍《れんびん》する気持ちからさまざまな姿を現わしたのである。

（田上太秀『ブッダ臨終の説法―完訳 大般涅槃経―1』大蔵出版、一九九六年、一七一頁。以下『完訳 大般涅槃経1』と略記）

殺人鬼アングリマーラが悪心からブッダを殺害しようとしても、それでもブッダは救わずにはおられないのです。一人男だけに説法されるのではなく、きわめて愚かな、そして半人前の智者ぶった女にも説法されています。

（『完訳 大般涅槃経2』、三三九頁）

これらはまだ手始めにすぎない。

また、そのころ、一方でクダーラという女、スバドラ尼僧、ウパナンダ尼僧、サーガラマティー尼僧、そのほか数十億の尼僧がいた。この女たちもみな偉大な阿羅漢《あらかん》である。そ

の心は自由闊達《かったつ》で、すべての修行を終え、もろもろの煩悩を離れた、威儀正しい人たちだった。〔中略〕

尼僧たちのなかにもいろいろの尼僧がいた。彼女たちは菩薩といわれる人のなかの高徳な修行者（龍）にして、修行の位は菩薩の十種の修行階梯《かいてい》に達し、そこに安住し、揺るぎない心境であった。彼女たちは人々を教化するために、じつは男たちが女身に化身した姿であった。彼女たちは常に慈しみ、憐れみ、共に喜び、そして差別しないなどの四つの心（四無量心）を持ち、それを修行し、そして自由自在の力を得ており、時にはブッダの姿にも化身することができた。

（『完訳 大般涅槃経1』、四〇～四一頁。傍点は落合）

これで驚いていたら『涅槃経』は読めない。次の極めつけは、釈迦がカッサパ菩薩に語った言葉として語られていく。

また、善男善女たちはかならず男の身体を持って生まれたいと願っている。どうしてかというと女の体は悪の住むところだから。

カッサパ菩薩、たとえば蚊の小便が大地を潤すことがないように、女の性欲を満足させることはできない。

大地をいぬなずなの種の大きさに丸めてしまって、これを男とし、この男と一人の女が交合したとしても女は満足しない。

ちょうど大海があらゆる雨、百千の河水などを飲み込んでも溢れることがないように、女の性欲は満足することがない。世の中のすべての人々を男とし、この男と一人で交合したとしても女は満足しない。


もういいだろうか。ほんとうはまだまだ続く。これは、繰り返すが、釈尊がカッサパ菩薩に語った言葉として登場するのである。

『涅槃経』の作者は、こんなことを釈迦に言わせて恥じることのない文化のなかにいたということにほかならない（ヒンドゥー教の主アーリアンが、農耕の民である先住民を支配していく過程で取り入れた、豊穣を旨とする農耕の文化がヒンドゥーの掟とぶつかった結果のひとつかもしれないと思うが、この稿の趣旨ではないので、あえて深入りはしない）。いずれにしてもそれは、マヌがつくりたもうた女の本性として、当時の人々の了解事項だったことを証明してあまりある。

少し省略するが、その女のすささまじさを受けて、『涅槃経』は次のように続いていく。

このようなことから、善男善女は大乗の妙寂の教えを聞いたら、みな女の姿を嫌悪して、男の身体を求める。なぜかというと、大乗の妙寂の教えには男の特徴であるブッダになる可能性があるからだ。

ここから核心に入っていく。

もしブッダになる可能性を知らないなら、その人には男の特徴がない。理由は、ブッダになる可能性があることを自分で知ることができないからだ。もしブッダになる可能性を知ることができない人たちがいたら、彼らを私は女と呼ぶ。

これが「女人性《にょにんせい》」（救われない男のなかにある女の性質。後述）といわれるものの根拠となる考えのひとつなのだろう。この女人性という概念も、女たちには「女をばかにした話」としか映らない。

「変成男子」は女たちの批判が強いことを仏教界もほぼ理解しつつある状況のなかで、「いや、これは女だけの課題ではない。実は男も同じなのだ」という文脈で出てくるのが、この「女人性」という新たなセオリーだが、女たちは決して納得していない。そもそも、救われない自分を見つめた先に出てくる問題に「女人性」という名前をつけることに違和感があるのだ。「女人性」というと、ちょっとよいことを言っているように聞こえるが、「男のなかにある、救われない要素を女人性と名づけた」といっても間違いではない。ごまかさないでもらいたい。どこまでいっても、この問題は『マヌの法典』に行き着く。ほかに理由などないということを知るべきだ。

このフレーズはそのまま次に続いていく。

もし自らブッダになる可能性があることを知れば、この人は丈夫《じょうぶ》（男）の特徴を特つ人というべきである。

もし女で自分にブッダになる可能性があることをはっきりと知ることができたら、この人はそのときに男となる。

（以上、『完訳 大般涅槃経1』、三四六〜三四七頁）

男と女という性を、とりあえずフラットにして振り分けているように見えるけれども、どう読んでも、男でなければ救われないと言っているにすぎない。この引用について「凡夫の自覚の内容」などと深読みされると、「ちょっと待って!!」と言いたくなる。このくだりは、「このようなことから、善男善女は……」と、その前段の「女の性欲」に関する記述を受けて始まっていることを忘れないでほしい。あくまでも、妙寂の妙味（悟りの境地）に入ることができるのは男しかないと重ねて言ったにすぎないのだ。

前出の『マヌの法典』をあらためて見てみよう。

婦人にとりては聖典もて、(行はるるべき)儀式なしとかく法は定めたり。力に欠け又ヴェーダの聖典(の知識)に欠けたる婦人は、虚偽(そのもののごとく不純)なり、とは定まれる理なり。

(『マヌの法典』第九章「婦人の本性」一八)

『マヌの法典』そのままであることがわかる。

これらのところを「凡夫全体の課題」と深読みすることで、辛うじて成り立ってきた「女人性」の問題は、少なくとも『マヌの法典』が生きる当時の社会では、たとえは悪いが、「女の腐ったような男」の話にすぎなかった。

少し長いが、そこをハッキリさせるために『涅槃経』の以下の部分を紹介しよう。

また、そのころ、ガンジス河三つ分の砂の数ほどの女の信者がいた。五戒を守り、行住坐臥すべてが教えのとおりだった。彼女たちのなかの寿徳という信者、徳鬘《とくまん》という信者、毘舎佉《びしゃきゃ》という信者は八万四千の女の信者のなかの指導的人物だった。

彼女たちはブッダの正法を護持するだけの力があり、はかり知れない数の生類を救済するために、方便によって女身に化身して、当時の家庭の旧習を非難した。そして自分の身体の有様を次のように観察した。

〈この身体は四種の毒蛇のようだ。この身体は常に無数の虫にむしばまれている。この身体は臭気あふれ、汚れ、貪欲の牢獄に縛られている。この身体はのたれ死にした犬の死骸のように忌むべきものである。この身体は不浄で、九つの孔（九孔）から常に悪汁が流れている。

この身体は城のようだ。血・肉・筋・骨・皮が囲み、手足は敵を撃退する櫓《やぐら》である。目は大きな落し穴であり、頭は殿堂であり、そのなかに心の王がいる。

このような身体の城は多くのブッダが捨て去るものであるが、凡夫や愚者はいつもこれにとらわれている。貪りの心、にくしみの心、わがままの心を持った悪魔がこの中に住んでいる。

この身体は葦《あし》や毒樹のエーランダや水泡や芭蕉《ばしょう》のようにもろい。この身体は無常で稲光や洪水や陽炎《かげろう》や炎のように、ひとときもとどまっていることがない。また、水面に字を書くと、書くそばから消えてしまうようなものである。

この身体は川岸に高くそびえたつ大樹のように、ほどなくして狐《きつね》や狼《おおかみ》、鳶《とび》やフクロウ、大鷲(おおわし)やからすやかささぎ、そして飢えた犬などに根をかじられて枯れて倒れる。知恵ある人でだれがこんな身体を愛《め》でるであろうか。

牛の足跡に海水を注いで海水を量ることができないように、この身体が無常であること、不浄であること、けがらわしいことを説き尽くすことはできない。この大地を棗《なつめ》の実のように丸くして、さらに段々に小さくして水草のいぬなずなの種子、さらに原子のような小さな部分にまで分けてみても、この身体の患いを説き尽くすことはできない。だから唾を吐き捨てるようにこの身体へのとらわれを捨てなければならない〉と。

これら女の信者は、このように観察をして、なんの特色もないこの身体は本体がなく、願い求めるものではないことを知り、心を修めて、大乗の教えを求め、聞き、そして学んでから、これを他の人々に説き伝えた。

さらに彼女たちは女身は壊れやすく、わずらわしいもので、その本性はもろいものだから、いずれ捨てようという最初の誓いをかたく忘れなかった。常にこのように正しく観察する心を持ちつづけ、ついに果てしなく繰り返される生死《しょうじ》の輪廻から解放された。彼女たちは大乗の教えを信仰し、その教えに満足し、さらに大乗を求める人を満足させて、常に大乗を願い求め、守護していた。

彼女たちは女身の姿をしているけれども、じつはもともと男であった。

（『完訳 大般涅槃経1』、四六〜四八頁。傍点は落合）

ここに登場する「凡夫や愚者」の存在に注目してみたい。ここでは、男が方便のため女に化身した「偽女」（わかりやすくこう分類した）が、女の身体を自分で嫌悪することもできない女に成り代わって、嫌悪してみせて教えてくれているという筋立てになっている。

しかし、その嫌悪の論点は、当時のヒンドゥーの社会の女性観そのものである。そこに、「偽女」の内省により、新たに女と同列のものとして「凡夫や愚者」が登場する。ただし、この「凡夫や愚者」に女は含まれない。

なぜならば、凡夫や愚者の男は、自分の現実に目覚めれば悟りを得ることができるが、それに対して、女は女自身では目覚める能力さえない。「偽女」の助けを借りて、女の身体を厭悪《えんお》しつづけなければならないのだ。もちろん、悟りを得た暁には男になっている。

私たち女は、凡夫や愚者にさえもなれない存在なのだ。だれもハッキリさせないけれども、これが「女人性」と「変成男子」の現実なのである。

このぐらいにしておこう。書いていても気が滅入るばかりである。

◉女は女のままで救われていった

『涅槃経』の女性観などといまさらいうまでもなく、悲惨な現実であることはすでに述べた。親鸞はこれらの悲惨な『涅槃経』の現実についてどうとらえていたのかと思うが、その主著である『教行信証』にあれだけ『涅槃経』を引用しているにもかかわらず、女性観に関してはまったく何も述べていない。したがって、教団の内部でも『涅槃経』の女性観について言及する人はほとんどいない。

ここでどうしても一度しっかり検証しておきたいのは、回心した女はすべて男であったというこの『涅槃経』のなかに、なんと例外が登場することである。この『涅槃経』のもうひとつのテーマ「アジャセの回心」（アジャセが信心を得、仏教徒となる）のくだりである。

「アジャセのために涅槃に入らず」と言いつつ、すさまじい数の人々を尻目にアジャセを気にかける釈迦に、カッサパ菩薩がいぶかって尋ねる場面から始まる。

そのカッサパ菩薩に釈迦は毅然と答えられる。

私（釈迦）が「……のため」と言っているのは、決まってすべての凡夫のためという意味である。阿闍世王と言ったのは五つの重罪（五逆罪）を犯した者という意味である。（中略）阿闍世王と言ったのは阿闍世王の後宮・妃・太后、および王舎城のすべての女たちを意味している。

（『完訳 大般涅槃経2』、三四六頁）

「アジャセというのは王舎城*18のすべての女たちの総称であり、また、凡夫の総称なのだ」と釈尊は宣言されたのだ。この凡夫のなかには明らかに女たちが含まれている。

この話は実話であった。実際の王舎城の女たちは、間違いなく女のままに回心《えしん》（信心を得ること）している。彼女らは変身した偽女ではない。というより、偽女になるはずのない実在の女たちであった。王妃イダイケもしかりである。

透明に輝く硬い色ガラス細工のような『涅槃経』の世界に飛び込んだ王舎城の人々。『涅槃経』の作者が実話を組み込んだせいで、ほころびた。そのほころびの跡が、妙なバランスを醸していて逆におもしろい。その隙間から釈迦教団の現実の姿が垣間見えてくる。

釈尊がイダイケを未来の衆生に託されたという『観無量寿経』の真意は、アジャセに代表される「仏を誹謗《ひぼう》する」罪深い凡夫が凡夫のままで救われていく未来を想起させる。それは現代に住む私たちのことにほかならないのではないか。

アジャセに総称される「五逆罪」を生きる私たちが、イダイケや王舎城の人々とともに「生身の凡夫として」「生身の女のまま」に救われていくことを釈迦は宣言されたのだ。

このことから、仏伝をひもとくまでもなく、実際はたくさんの女たちが釈迦の弟子となり、それぞれが女のままに回心していったことは明らかであり、紛れのない事実である。

釈迦の姿勢は、この王舎城の事件では実にハッキリしている。このような『涅槃経』の姿が、私たちのいまの現実とどう切り結んでいるのだろうか。大乗経典に降り積もったヒンドゥーのチリをどこまで払い落とせているのだろうか。

「凡夫」と言おうが「愚者」と言おうが、そのなかに、厳密にいって、女が入っているのかどうか。これはあくまでもセオリーの話である。その女が男にならなきゃ救われないのかどうか。もっといえば、イダイケも王舎城のほかの女たちも、みんな男になって救われたのかどうか。仏伝に出てくるたくさんの女たちはいつ男になったのだろうか。親鸞の妻・恵信尼《えしんに》も、たくさんの妙好人《みょうこうにん》（時代の制約を受けながらも、信心を得ることで、伝説をつくって生きた念仏者たちの総称）の女たちも、みんな女のままでは救われていないだろうか。

釈迦の死後、約五〇〇年で大乗仏教[*11]が成立したといわれている。ヒンドゥー教の女性観をくっつけたまま、大乗の経典は成長をとげ、そしてふたたびヒンドゥー教に飲み込まれてしまったのだろうか。私たちはまず、釈迦の真実をそれらのなかから嗅ぎ分ける鼻を獲得し、磨かなければならない。それはいまを託された私たちの仕事なのだ。

これは物語の世界の話ではない。実際、女性の葬儀には「変成男子」の和讃を読み、正式には、やはり「女人成仏は変成男子である」というセオリーを見直すことも、論議することもない現実の教団。かすかに聞こえる釈尊の息づかいが、ほんとうにいままだ残っているのだろうかと私は思う。

七　第三十五願を考える

◉法蔵菩薩の四十八の願い

いよいよ大切なところである。『仏説無量寿経』の「第三十五願」という本論に入ろう。『仏説無量寿経』とはどういうお経なのか。私はこのお経が昔からいちばん好きである。インドのもつ悠久な時間の流れが人間の理想と仏の智恵に彩られ、静かに私たちを勇気づけてくれる。気高い経典である。この経典を説かれたとき、釈迦の表情は「光顔巍巍《こうげんぎぎ》」（顔が光輝き、宝石にも太陽にも勝るほど気高く美しい）としていたと、釈迦の身の回りの世話をしつづけてきた弟子のアナンが、釈迦に感動を伝えたことで知られている。

物語はこうして始まる。「阿弥陀如来《にょらい》」という私たちの御本尊がまだ在俗で王であったころ、「世自在王仏《せじざいおうぶつ》」という、何物にもとらわれず、しかも自由に生きる先生に出会われる。「自由の仏」に初めて出会い、王は「先生のようになりたい」と憧れ、出家して法蔵《ほうぞう》となられる。やがて、師である「世自在王仏」は数々の模範となる仏の姿を示された。法蔵菩薩はそれらについて、宇宙が五度も生まれて消滅する「五劫《ごこう》*19」という途方もない時間を思惟して、ついに私たち衆生救済のために必要な四十八の問題を見いだして、もっとも根源的な願い、つまり「本願」を立てられた。

その四十八の仏の願い（本願）は、私たち衆生の側からは、およそ私たち人間世界の苦悩のすべてを網羅して分類したら四十八の項目になったといえば、わかりやすいかもしれない。それらがすべて救済されなければ、「私は仏にならない」という誓いを立てられた。

その法蔵菩薩は、なんと十劫も前にその願を成就して、仏となられたのだ。いいかえれば、その四十八の菩薩の願いが「十劫も前にすでに成就してしまっている」。つまり、私たちの苦悩の種は、宇宙が一〇回も生まれ変わるほど遠い昔に、「超えていく方法」がすでに確立されてしまっているということになる。私たちは「すでに救われてしまっている」というのである。

それを信じれば、あとはただ「南無《なむ》阿弥陀仏」と仏の御名を称えればよいのだ。

◉阿弥陀如来とは真理のこと

大切なところなので、もう少し続けよう。私たちの御本尊は「人ではない」といえば驚くだろうか。絵像になった本尊でも、木造の本尊でも、すべて人型だから、阿弥陀如来は人だと思っている人は多い。では何なのか。実は「真理（真実）」という抽象的な概念なのだ。初めて知ったのは高校生のころだったかもしれない。子どもも心にたいへんな衝撃を受けたのを覚えている。こんな考えにふれると、インドという国はすごい国だと思ってしまう。まるでゲーテのようだ。理解するには、概念と現実をつなぐ感覚を磨く必要がある。

「私たちの御本尊は真理（真実）を表している」といえば、たいがい返ってくる言葉がある。「あなたの信じているその御本尊だけが真実で、他のものは真実ではないのか」。さて、なんと答えればいいのか、ちょっと考えてしまう。

それでは私たちの信仰はたぶん理解できないと思う。そうではなくて、五劫もの途方もない「いのち」の歴史自身が自ら明らかにした真実に、阿弥陀如来と名づけたのだ。つまり、真理に阿弥陀如来と名づけることで救われていった方々がおられた。その方々はすべて私たちの先達なのだ。その最初の方は、もちろん釈尊である（わかりにくくなることを覚悟でいえば、ほんとうは釈尊でさえないかもしれないと私はひそかに思っている）。

その真実はだれのものでもない。だれも私物化できない真理として、すべての人々の前にすでに在る。釈迦は、釈迦の方法で、その真理（真実）を明らかにした。私たち仏教徒は、釈迦の方法で真理に迫ることを確認したということにほかならない。

仏教には「諸仏《しょぶつ》」という概念がある。その「真理に迫った人」すべてを諸仏として尊敬するという立場である。もちろん、釈尊自身も諸仏の一人であることはいうまでもない。キリストも諸仏といったら驚くだろうか。ちょっと取り間違えたら、キリストまで仏教に絡め取るのかといわれそうだが、まったく違う。キリストはキリストの方法で真理（真実）に迫られた。私たちはキリスト教から見たら異教徒だけれども、私たちは「真実に迫った人」としてキリストに尊敬の念を惜しまないという立場である。

仏教を押し立てて戦争が起こることはないとはいえないけれども、とても少ないのは、「真理（真実）を独占しない」という「諸仏」の概念がはっきりしているせいではないかといわれている。

私たち仏教徒は、釈迦が明らかにした「真理（真実）」に私自身で「阿弥陀如来」と名づけることができるのか。そして、その真理に手を合わせて「南無阿弥陀仏」と仏の名前を呼ぶ、すなわち「称名」することができるのか。真理を前にして、感動とともに頭を下げることができたとき、私自身が救済されるのだ。

◉悼む心

字面を読むかぎりはとても難解だが、感覚的にとらえると、そうむずかしい話ではない。

私たち生き物は、生まれるはるか彼方の昔から、「完全なる自由の世界」に生きる者として、すでに救済が約束されているというお話である。

そんな太古の記憶を呼び戻すためのツールが、「阿弥陀」という仏の名を聴き、そして呼ぶことであり、その内実は「阿弥陀仏」に深く帰依すること、つまり「阿弥陀仏」に「南無」することである。こう説かれているのである。

たぶん私たちは、命の歴史のはじめから、すでに救われているのかもしれないと思われてくる。阿弥陀如来とは、命のはじめから私たちのなかに仕組まれた遺伝子かもしれない。それを持ち合わせなかった生き物は、お互いに殺し合って絶滅した。

そこまで考えていくと、さて、その阿弥陀如来の存在を私たちはどうすれば感じることができるのか、ということになる。いちばん大切な問題だが、いちばんむずかしい。如来に出会うために、文字どおり「命」を落とす修行者があるのだから、簡単に説明できる話ではない。「南無阿弥陀仏」と称えればよいといわれても、ただ称えても何も現れない。

しかし、私は「これが如来の働きかもしれない」と思い当たる「心」がひとつだけある。それは「悼《いた》む心」だ。その遺伝子をもった生き物だけが、殺し合って全滅することなく、いままで生き延びた……。

昔の話だが、東京に住んで、ノンフィクションライターとして毎日毎日、新聞や雑誌の下働きをして、消耗品のような原稿を書いていたころのことである。友人で音楽を職業にしていた人があった。あるとき、祖父を亡くし、長野県にある実家に何日も帰っていた。

「落合さん。人の死って豊かなものですね。ゆっくりと時間が流れて、とても悲しいんだけど、みんな優しくなれて、お経がまたすてきなんだよ。おじいちゃんの死によって、すてきな時間を過ごしたよ」

私が寺の出身で仏教徒であることを知っていたのだと思う。彼の一言がいつまでも心に残った。祖父の死をご縁に、たくさんの方々とともに「死を悼んだ」時間を過ごしたのだろう。「悲しむ」「怒る」「喜ぶ」、そんな感情なら私でも起こせるが、「悼む」という心はとても自分の力では起こせないと思う。

悲しくても「空っぽ」ではなくて、どこか豊かで、温かく、限りなく優しく、そして穏やかな気持ちが「悼む心」には含まれていないだろうか。その「悼む心」はやがて、静かな力となって、私を勇気づけてくれる。

阿弥陀如来は「悼む心」となって、時に私たちの前に姿を現す。『無量寿経』は、そんな豊かな想いを許してくれるすてきな経典なのだ。これが浄土真宗の所依《しょえ》の経典となっている。

●『仏説無量寿経』の内容

真宗大谷派名古屋教区の教心寺というお寺のホームページに『仏説無量寿経』についてコン

パクトでわかりやすくまとめてあったので、引用させていただく。

おおよそ、経典は序分・正宗分・流通分に分けられるが、この経の序分には、それが王舎城の耆闍崛山《ぎしゃくっせん》〔霊鷲山〕において、すぐれた比丘や菩薩たちに対して、釈尊が五徳の瑞相をあらわしつつ説かれたもので、如来が世間に出現されるのは、苦悩の衆生に真実の利益を与えて救うためであるといわれている。

正宗分にはいって、第一に法蔵菩薩が発願し修行して阿弥陀仏となられた仏願の始終が説かれる。まず「讃仏偈《さんぶつげ》」には、師の世自在王仏を讃嘆《さんたん》しつつ、みずからの願を述べ、ついで諸仏土中における選択と、それによってたてられた四十八願が説かれるが、なかでも、すべての衆生に名号《みょうごう》を与えて救おうと誓う第十八願が根本である。次に四十八願の要点を重ねて誓う「重誓偈《じゅうせいげ》」が、さらに兆載永劫《ちょうさいようこう》にわたる修行のさまが説かれ、この願と行が成就して阿弥陀仏となりたもうてから十劫を経ているといい、その仏徳と浄土のありさまがあらわされている。下巻にいたると第十八願が成就して、衆生は阿弥陀仏の名号を聞信する一念に往生が定まると述べ、さらに浄土に往生した聖衆の徳が広く説かれる。こうして第二に釈尊は弥勒《みろく》菩薩に対して、三毒、五悪を誡《いまし》め、仏智を信じて浄土往生を願うべき旨が勧められる。

最後に流通分にいたって、無上功徳の名号を受持せよとすすめ、将来聖道の法が滅尽しても、この経だけは留めおいて人々を救いつづけると説いて終っている。

◉変成男子の願

さて、いよいよ本論なのだが、そのなかで私たち女性にとってどうしても避けて通れないのが、すでに紹介したあの「変成男子」が出てくる第三十五願なのである。男子に変わって成就する。つまり、女は男となって救われる。そのことを「動かせない真実」として、正式に願文が構成されているのである。私たちが問題にしている前章のあのセオリーが願文として表現されているのだ。

すでに詳しく述べたが、阿弥陀如来が法蔵菩薩であったころ、女は男となることによって救われるという誓いを立てられたのだという。つまり、女は男にならないかぎり救われることはないのだと読むことができる。これは女という性を全否定されたに等しい。私たち女は、仏教徒として、長いあいだこの願文によって苦しんできた。すでに述べたが、たいへん深刻な内容である。

第三十五願をあらためて書き写してみたいと思う。

たとい我、仏を得んに、十方無量不可思議の諸仏世界に、それ女人あって、我が名字を聞きて、歓喜《かんぎ》信楽《しんぎょう》し、菩提心を発して、女身を厭悪せん。寿《いのち》終わりて後、また女像とならば、正覚《しょうがく》を取らじ。

（「仏説無量寿経」『真宗聖典』真宗大谷派、二一頁）

これが「変成男子の願」と呼ばれている第三十五願の願文である。

◉梶原敬一による第三十五願の解釈

私がこの稿をこういうかたちでまとめようと考えたきっかけのひとつが、梶原敬一《かじわらけいいち》（真宗大谷派僧侶）の話を聞いたことにあった。二〇一二年の五月二二日に東本願寺の同朋会館で行なわれた全国坊守（事実上の住職の妻）研修会でのことだった。

積極的な経典解釈がとてもおもしろくて、聞き入っていたのだが、その第三十五願の解釈だけはどうしても受け取れない。そのときの講述がのちにまとめられて冊子になったので、その一部を引用したい。

身というのは、私の具体的な存在をとおしてつくられる関係のことです。韋提希《いだいけ》にとっては母であり、妻である身です。体ではありません。自分の存在をとおしてつくられた関係です。逆にいうと、そういう身というものをほんとうに具体的に自覚して生きている存在こそが女性であるということをいいたいのです。女の人でも一人で生きている人は、女身ということはあえて意識しないでしょう。ですから「女人あって」とありますが、女人であることを否定しているのではなくて女人があったときに、その女人の中にある女身としての存在、自分を見つけたということです。見つけたものは厭悪すると書いてありますが、厭というのは決して嫌なことではなく善の心のはたらきです。

（梶原敬一講述『第三十五願は人間回復の願――「与韋提等獲三忍」をとおして』真宗大谷派坊守会連盟、二〇一四年）

こんなふうに続いていく。きっとこんなふうに経典解釈は深まってきたのだろう。女の立場として、いろいろな思いを込めて読んでいくと、あらためて、男の生み出すものは「怖い」と思う。私は文章を書くことを職業としてきたが、言葉は、生きて存在する人間の現実を離れると、いかようにも働く。

どれだけ言葉を尽くそうと、言い直そうと、深読みを重ねようと、「これは女だけの願ではなくて、いまだに身さえも見つけられない男の問題」ととらえ直そうと、すでに見てきたように、特別新しい話ではない。梶原の文脈でいえば、男は「身」を見つけ、厭悪を深めれば、救いの入り口まではたどり着くことができるかもしれない。しかし、女である私たちはどうか。私たちが「身」を見つけ、厭悪を深めたら、結果として女ではいられない。

つまり、女が「女のままで救われるのか」という、『マヌの法典』の昔から絶えることのない「女である私たちの問い」の答えにはなりえていない。大乗経典の現実を、あらためて突きつけられたにすぎないのである。

◉生きつづけている女への差別

私たち女は、特別な場合を除いて、長い歴史のなかで常に儀式の場から外されてきた。これを否定できる人はいない。清浄を表しているという内陣（本堂の中の、阿弥陀如来などを安置した、一段高い清浄とされる場所）に女が上がると汚れるから、上げてはいけない。女のお経はありがたくない。こういまも信じている人は決して少なくない。

あらためて考えてみよう。女が住職になることも、教師資格（住職になる資格）をとることも、長いあいだ、ほんとうに長いあいだ許されなかったのはなぜか。比叡山も高野山も、女性が近づけなかったのはなぜか。子どもを産み出す女の血が、穢れととらえられたのはなぜか。いまでも分娩室が産褥室といわれているのはなぜか。「これは日本の神道の問題なのだ」と言って、決して済まされる話ではない。大乗の経典にくっつけられて、ヒンドゥー教の掟がアジア中にバラまかれたのである。そして、その魔術はいまのいままで、アジアの隅々で生きつづけている。

つい先日も、寺の会計を預かる私が役員総会で説明している最中に「女にしゃべらせるな」とヤジが飛んだ。

またあるときは、女性役員のたっての希望で住職の横に座ってお斎《とき》（仏事での食事）に着いたら、あとで、私が聞いていたのを知ってか知らずか、「みっともない。二度と上座に座らせるな」と、男の声でだれかがだれかに話しているのを聞いた。これは数年前だったと思う。戸越しで、話している人を確認はできなかったが、私が聞いているのを知っていたのかもしれないと思う。

娘が女性住職になることが確定しているなかでの出来事だ。私たち女は、いまもそんな現実を生きているのだ。あまりの生きにくさに気づいた娘が、たとえ寺を出ようと覚悟を決めても、それはそれで仕方がないと思うときがある。基本的人権なのだから……。親鸞の信だけは忘れずに生きてもらいたいと願うだけだ。

どんなに時代錯誤な出来事に見えようとも、私はこれらは別に特別なこととは思わない。どこで生きても基本は変わらないとさえ思う。たとえどこで生きても、必ずぶつかる男社会の本音なのだ。現代人はいろいろなことを知っているから、そんなボロは出さないけれども、田舎に住む素朴な人たちは、無知にも不用意にボロを出す。私にはいちいち傷つく感性はないが、正直怖いと思う。政治のさじ加減ひとつで、いつでもまた、そこへ戻っていく。差別というのはそういうものだと私は思っている。

古来より差別は政治でつくられ、宗教で完成する。しかしながら、「できた差別」は政治だけでは元へ戻せない。

梶原さんと、女のそんな痛みを一度、話し合ってみたいと思う。経典は深いことも大切だけど、生きてある私たちの現実を変える力になることが大切だ。まして、反対に、人を生きにくくすることなどは、とうてい許されない。

そもそも、釈迦の死後、数百年という大乗の時代において、バラモン教と真っ向から対立することで仏教を開かれた釈迦のその純粋性は、いったいどこまで保ちえていたのか。

◉第三十五願は女性解放の願

第三十五願は、そんななかで女性を解放しようとした願であったと私は確信している。親鸞聖人の変成男子の和讃を紹介しよう。

弥陀の大悲ふかければ

仏智の不思議をあらわして
変成男子の願をたて
女人成仏ちかいたり　（「浄土和讃・大経の意《こころ》」第一〇首『真宗聖典』真宗大谷派、四八四頁）

「女人性」などという言葉が成り立つ余地など、ありえない。女人成仏がその目的であったことは論をまたない。先ほどの『無量寿経』の第三十五願をあらためて並べてみよう。

たとい我、仏を得んに、十方無量不可思議の諸仏世界に、それ女人あって、我が名字を聞きて、歓喜信楽し、菩提心を発して、女身を厭悪せん。寿終わりて後、また女像とならば、正覚を取らじ。

釈迦も、穢れと女身を切り離せるものなら、当然、切り離していたと思うが、「女体＝穢れ」であり、切り離せないものとしてマヌが造ったという当時の制約のなかでは、「穢れを厭悪せん」とはならず、「女身を厭悪せん」と言うしかなかった。本来ならば、「ふたたび女身に穢れあれば、正覚を取らじ」となっていただろう。そうならなかったのは時代の限界と素直に認めるしかないはずだと私は思う。「寿終わりて後、男となって救われる」というのは、『マヌの法典』が生きるヒンドゥーの社会で、女を救済するために「やっと編み出した落としどころ」だったのだ。

親鸞とて同じである。かくなる経典をいただいている以上、当時の社会科学的情報量としては、そこを超えることはできない。すでに確立している落としどころに従う以外、方法はなかったはずである。超えていくのは私たちの仕事なのだ。

女性蔑視が常態であり、『マヌの法典』が厳然と生きつづけるインドのなかでは、釈迦が悟りを開くまでは、女は救済の対象ですらなかった。そんななかで第三十五願は、かすかに残った仏陀釈尊の気配だった。

「しっかり法を聞いて、仏（目覚めたもの＝覚者）となるために生きる覚悟を決めれば、女の身であっても、自立した独立者として生きられる」

そのような釈迦からのメッセージと私は受け取っている。

◉「女人性」は問題をあいまいにする

梶原は、その「女性解放」を飛び越えて、一気に人間全体に広げてしまった。第三十五願を「人間解放の願」と言ってしまえば、「より深くなる」のではなくて、あいまいになるだけだと私は思う。女性以外の差別で、安易に被差別者と差別者を同化するようなことは起こりえない。

いうならば、もともと四十八願のすべてが人間解放の願だ。そのうえで、さまざまな角度から、いろいろな立場から、具体的に救済を約束されているのが『大無量寿経』ではないだろうか。

いうまでもないことだが、差別は、するほうもされるほうもほんとうは不自由だ。だから差別の問題は、するほうもされるほうも等しく解放されていくという願いがかかっている。しかし、差別は社会の仕組みを支えている根幹となるものと深くかかわっているので、なかなか問題にならない。とくに性差別などの見えにくい差別は、差別する側がまず差別しているという現実をしっかりと認識することが第一歩だが、差別される側も、自分の不自由さは「男と女ではそもそも存在の重さが違うという社会的な現実を前提として社会の仕組みが成り立っていることが原因」という「事の本質」に、何が何でもたどり着かなければならない。

そういう意味においては、「差別される側も、する側も」自分の課題をお互いに乗り越えなければ、平等の地平は開かれない。だから、女の課題は男の課題でもあるということはいうまでもない。しかし、それは梶原のニュアンスとは根本的に異なる。あくまでも、差別する側とされる側の関係を、まず、はっきりさせてからの話である。いま仏教各派で定番になりつつある「女人性」という問題の立て方は、差別の現実を包み込み、問題をあいまいにすることにしかならないことを知るべきだと思う。

◉親鸞の女性観

ここで最後に、親鸞の女性観について、どうしてもはっきりさせておかなければならない。親鸞の著作で、私たち親鸞教徒の拠《よ》って立つべき唯一無二の聖典である『教行信証』の冒頭の、いちばん大切なところ「総序」で、イダイケの扱いが親鸞と善導とでは著しく異なっているのはなぜかという問題があり、いまも学者を悩ませつづけているのだ。それは、一口に説明すると、王妃イダイケが「凡夫の女・人間イダイケ」なのか、「仏菩薩《ぶつぼさつ》の化身」なのかという問題である。『教行信証』を引用しよう。

しかればすなわち、浄邦縁熟《じょうほうえんじゅく》して、調達《じょうたつ》、闍世《じゃせ》をして逆害を興ぜしむ。浄業機《じょうごうき》彰《あらわ》れて、釈迦、韋提《いだい》をして安養《あんにょう》を選ばしめたまえり。これすなわち権化の仁、斉《ひと》しく苦悩の群萠《ぐんもう》を救済《くさい》し、世雄《せおう》の悲、正しく逆謗闡提《ぎゃくほうせんだい》を恵まんと欲《おぼ》す。（『教行信証』「総序」。傍点は落合）

古来からイダイケは「権化《ごんけ》の仁《にん》」（仏菩薩が「衆生救済・凡夫救済」のためにイダイケに化身して出現された存在）と解釈されてきた。それを大きく覆したのが中国の僧・善導であった。善導はそれを、菩薩の化身などではなくて「まぎれもない実業《じつごう》の凡夫イダイケ、女イダイケの回《え》心《しん》」としたのだ。

このことが、凡夫往生をその本旨とする浄土教の真骨頂とされ、「女人往生の範」として、これこそ「善導の真価」と高く評価されてきた。

そのためには、『増一阿含経』を持ち出して、イダイケをできるかぎり「愚かな女」に仕立て上げる必要があったのだ。愚かな女の救済だからこそ説得力があったはずだ。救いの対象にさえならない、マヌがつくった女が、『観無量寿経』で凡夫の人間＝女として救われていく様は感動的だったと思う。もちろん、いうまでもないが、その先にあるのは「寿終わりて後、男となる」立場であった。

親鸞は善導を師としてきたにもかかわらず、なんと「凡夫イダイケ」を翻して「権化の仁」（仏菩薩の化身）に逆戻りさせてしまったのである。

それを『教行信証』という唯一無二ともいえる根本聖典の扉にわざわざ明記して、「だめ押し」までしているのだ。学者はいまだにこのことに、しっかりとした意見統一ができていない。なぜ、人間イダイケを飛び越えて、仏菩薩の生まれ変わりという解釈に戻ってしまったのか。

その謎を解く鍵は、親鸞と善導の女性との交わりの質の違いにあると指摘する学者もいる。

親鸞は「古来より初めて」正式に妻をもった僧であった。それに対して善導は、浄土教の大成者といいつつも、気高い清僧で、眼を上げて女を直視することさえなかったことで知られている。

善導の女性観と親鸞のそれとはまったく違う。妻とともに生きる破戒僧として、浄土の真実をたどった親鸞は、善導とは根本的にその目線が違うのだ。最近の研究では、親鸞の妻・恵信尼は、親鸞とともに布教に携わる、れっきとした布教者であったことがわかっている。

親鸞は、人間恵信尼・女恵信尼を「往生の正因」をもつ凡夫として認めたうえで、なお、人間恵信尼のなかに「仏菩薩の働き」を見いだしていたのではないか。

それらのことから、イダイケを単純に「権化の仁」（仏菩薩の化身）に戻したのではなく、中国仏教の巨人・善導の立場を一歩進めて、イダイケを「往生の正因」をもつ凡夫として認めつつ、なおそのなかに「仏菩薩の働き（如来）」を見いだし、手を合わせることが矛盾なく共存する世界を獲得していたと見るべきだと思う。

一方、善導は、「マヌがつくった女」以外の何物でもない愚かな女が釈迦の助けを借りて、もっとも愚かな人間が到達するという「下品下生」の浄土を自らの自覚であえて選び取ることで、凡夫として救済されていくというストーリーを展開する。

親鸞は善導を敬愛していたにもかかわらず、あの愚かしいイダイケを生み出す物語だけは、どうしても頷《うなず》けなかったに違いない。女を生活の場から「排除」してしまった善導だからこそ、イダイケを愚かな女に仕立て上げることができた。こと女性観だけは、二人ははっきりと違っていたというべきである。この違いからもう一度、『観無量寿経』の読み直しをしていかなければならないと切に思う。

◉『阿弥陀経』の世界

最後に『阿弥陀経』を紹介しよう。

浄土三部経のなかでは、いちばん短いお経である。短いがゆえに、手軽に上げられるお経として比較的軽い仏事に使われたりしていて、まだなりたての僧が最初に覚えるお経としても知られている。このお経は「方便のお経」と呼ばれている。どこの何が方便なのか。まず、全体を紹介したいと思う。

『阿弥陀経』は、コーサラ国の「祇樹給孤独園《ぎじゅぎっこどくおん》」、私たちが「祇園精舎《ぎおんしょうじゃ》」として親しんでいるところで、たくさんの僧たちを前にして説かれたお経である。祇園精舎は、釈迦がたくさんの弟子を連れて、約二〇年のあいだ、毎年雨期を過ごした場所として知られている。しかし、このお経は、だれに請われて説いたのか、なぜ説いたのかということが書かれていない珍しいお経なのだ。釈迦が問わず語りで舎利弗《シャリホツ》に説いた。問いを発する人がいないのに、智慧第一といわれた秀才シャリホツに対してなぜ説かなければならなかったのか。このことにこそ、このお経の意味があるといわれている。まず、その祇園精舎でこの説法が始まる経緯について述べてみたい。この経典のすべてを言い当てているといえるかもしれない。

◉祇園精舎を寄進したスダッタ長者

この祇園精舎を寄進したのは、須達《スダッタ》という名の長者だった。どうしてもこの場所で精舎を造り、釈迦に寄進したくて、土地の持ち主であったコーサラ国の王子のひとりと掛け合うことになった。コーサラ国というのは、釈迦族の国を取り囲む強大な軍事大国で、古くから釈迦族とは深いつながりがあった。事実上、釈迦族を支配しつつ、外敵から釈迦族を守っていて、いわば釈迦族はコーサラの属国という位置づけであったのだ。*1

土地を売りたくない王子は、スダッタをあきらめさせるために「欲しい場所のすべてに黄金を敷き詰めること」を求めた。しかし長者は、あきらめるどころか、求められるままにせっせと黄金を敷き詰めはじめる。王子は驚き、その気持ちに感じ入って、その土地を手放したという話が残っている。

釈迦の教えに帰依し、私財を投げ打つ長者の姿勢に深く感動したコーサラの王子は、祇園精舎建立にも力を貸し、長者をそこまで動かす仏法に深い関心を示し、やがて釈迦を慕い、ついには仏教徒になったと伝えられている。

では、スダッタはどんな人物だったのだろうか。彼は「給孤独長者《ぎっこどくちょうじゃ》」と呼ばれていた。孤独の人に施すことをその日常としていた長者というほどの意味であるという。

孤独の人とはどんな人のことだろうか。たとえば、いまなら差別用語だが「養老院」「孤児院」に住する人、と私たちは聞かされてきた。戦中・戦後に伝え聞いた話やおぼろげな記憶から、想像できる範囲で、私はこの『阿弥陀経』の「孤独」を理解していた。しかし、そんな漠然とした解釈では済まされない。それだけではたぶん『阿弥陀経』の世界は理解することはできない。『マヌの法典』にふれて初めて、私はその孤独の意味が理解できたと思う。『マヌの法典』が明らかにした当時の社会の現実と重ね合わせることで、初めて具体的に見えてくる世界がある。

チャンダーラとなる子を身ごもった母は、その子の捨て場所を探して、「給孤独園」の長者の元へやってきた。肌の色や顔形の違う子どもを隠して育てることはできない。自分の属する社会で生きるためには「子どもを隠れて捨てる」ほかはない。ハンセン病や障がい者となった人は、家族に迷惑がかかると、放浪の末、給孤独園に身を寄せた。あるいは、障がいをもった子どもを捨てにくる親がいた。ヒンドゥーの掟を破り、放り出された行き場のない人たちが、課された刑罰の末に、ただただ彷徨《さまよ》い歩き、死ぬに死に切れずに集まってきた。長者はそんな人々の世話をしつづけていたのではないだろうか。

その長者が、たまたま仕事で行ったベナレスで釈迦の説法を聞いて深く打たれ、釈迦の信者になった。仏伝では、釈迦との出会いのドラマは諸説あるが、いずれも、ただ一度の出会いが長者の未来を決定したことを伝えている。「死してなお差別されつづける人々」から目を背けることができなかった長者が、釈迦の一度の説法ですべてがわかり、目が覚めたのだろう。

◉「給孤独園」の現実

祇樹給孤独園が祇園精舎の正式名称である。スダッタは、釈迦のために黄金を敷き詰めて手に入れた場所に祇園精舎をつくり、その敷地の一角に新たに給孤独園をつくったのではないか。釈迦が毎年雨期を過ごした祇園精舎のなかに、そんな人たちの溜《た》まり場ができていたことが容易に想像できる。初めてできたその年に、釈尊とその弟子たちが給孤独園を訪れたのかもしれない。そう見てくると、祇園精舎で行なった釈迦の『阿弥陀経』の説法がどんなものだったかが、リアルに伝わってくる。

ただ「死ぬしかない」人々を生み出しつづける社会。どんな説法も修行も、その場から浮いてしまう給孤独園の現実。釈迦は、何を言っても何をしても間に合わない、死に行く人々を前に、いままで経験したことのない現実を突きつけられたのだろう。

そんななかで「問わず語り」で、シャリホツに向かって、西方の阿弥陀の浄土の様が静かに語られるのだ。

「ただ仏の御名を称えるだけで、いま、そのまま、生まれいくことのできる」阿弥陀の浄土の、美しい満ち足りた様が説かれていく。それが『阿弥陀経』である。過酷なこの世を生きた、残り時間の少ない人たちに、せめて見せてあげることのできる浄土の世界。ただ仏の名を称えるだけで、いま、この場で生まれいくことのできる極楽浄土が語られていく。

ちょっと中をのぞいてみよう。

これより西方に、十万億の仏土《ぶつど》を過ぎて、世界あり、名づけて極楽と曰《い》う。その土に仏ましします、阿弥陀と号す。いま現にましまして法を説きたまう。〔中略〕極楽国土には、七宝《しっぽう》の池あり。八功徳水《はっくどくすい》その中に充満せり。〔中略〕かの仏国土には、常に天の楽《がく》を作す。黄金を地とす。〔中略〕かの国には種種の奇妙雑色の鳥あり。

（「阿弥陀経」『真宗聖典』真宗大谷派、一二六～一二七頁）

こんなふうにして美しい極楽の様が語られていく。『阿弥陀経』はそんな悼《いた》ましくも美しいお経である。説かれた理由も、問いを発する人も必要としないほど、自然に静かに語られる浄土。浄土教が開かれていく大切なきっかけであった。

◉釈迦の方便としての浄土

念仏ひとつで美しい浄土に往生できる。この経典の意味するところは、実は布教の現場にいる私たちにとっては、ほんとうはちょっと悩ましい。

来世に浄土という世界があって、念仏をすれば苦しい現状を忘れて、生死のあいだを心地よく彷徨いながら、厳しい現実を離れて美しい浄土に生まれていくことができるだろう――。こういう感覚は、どちらかというと「来世往生」と呼ばれるもので、親鸞教団ではむしろ御法度《ごはっと》ともいうべきところである。いずれにしても、釈迦の真実にはほど遠い。死なない自己が肉体の死を超えて生き延びてしまうというのは、むしろヒンドゥーの世界観に近い。

その矛盾を教学者（仏教の教義を学問とする人たち）はどう超えたのか。たどってみるが、論としては筋が通っていても、私には少しわかりづらい。教学としてはとても大切なところなのだと思うが、あまりに理詰めで、私自身が体の芯でしっかりとらえ納得できる状況ではない。男たちの経典解釈の長い歴史は、これらの矛盾に橋を架けつつ深まり、深まりつつ難解になっていったのではないかと思う。

私はここを理詰めで超えようとはあまり思わない。『無量寿経』で、十方衆生、すべての人が救いとられるという阿弥陀の真実が述べられ、その原理が明らかにされたのだ。その一方で、なお『阿弥陀経』の現実を突きつけられたことこそ大切なのだと思う。

いま、死なんとして蠢《うごめ》いている人たち、ヒンドゥーの社会から放り出された死ぬしかない人たち――、ヒンドゥーならば悲惨な来世が待っているはずの「救いがたい」人たち――、彼らが人間らしく生きることができなかったのは、彼ら自身のせいではない。彼らに何を説いても、もう間に合わないのだ。そんな、もう何もすることのできない彼らこそ、等しく救われていく世界があることをはっきりさせないかぎり、『無量寿経』で説いたはずの、すべての人が等しく救われていくという世界を成り立たせることはできないのだ。

初めて見た祇樹給孤独園の現実に言葉を飲んだ釈迦が、智慧第一のシャリホツにこそ、念仏の世界だけがそんな彼らが等しく救われていく最後の砦《とりで》なのだということを語らなければならなかったのだと思う。

『阿弥陀経』には、たくさんの弟子たちと一緒に訪れた祇園精舎の一角にあるヒンドゥーからはみ出した人たちの溜まり場、給孤独園のなかで、問わず語りで説かれたことがはっきりと述べられている。釈尊が並み居る弟子たちとともに、そんな彼らに直接語りかけられた方便だったに違いない。

生きてある私たちが阿弥陀仏に救済されるというのは、どういうことか。何があっても念仏ひとつで許されていく世界を、感動をもって体験することだ。許された先にあるのは、何があっても与えられた生を、命終わるまで、主体的に生き抜く静かな勇気だ。釈尊は、給孤独園の人々に対して、方便としての浄土の姿を見せつつ、最後の一息まで、自分を見捨てず、静かな勇気をもって生き切ってもらいたいという願いを込められたのだと思う。

彼らの現実が辛《つら》ければ辛いほど、彼らの救済も感動的で深かったと思う。ヒンドゥー社会で生き、ヒンドゥー社会で傷ついた彼らだからこそ、彼らに寄り添う方便の浄土を語らなければならなかったのだ。

これは、死に行く人々に直接語りかけつつ、実際は智慧第一のシャリホツにこそ、こんな人たちだからなおのこと、すべて救い取られなければならない「阿弥陀の真実」を説かれたのだと思う。

「ただ仏の名を称えるしかない人々」と「ヒンドゥー社会から切り捨てられた人々」が重なったとき、仏法というものの実存が見えてくる。『阿弥陀経』の現実はやはり、当時のインドの社会がつくる人々の現実が理解できないかぎり、そのリアリティが伝わることはない。

伝統が育《はぐく》んだ仏教の深い英知を大切にしながら、経典から羽根で堆積物を丁寧に落としていくように、当時の社会的現実を明らかにする作業をだれかがしなければならないと思う。

八　反原発の砦のなかで

◉「ただ黙って法を聞け」？

そのとき、私たちは原発反対運動のただなかにいた。

最後に、私が実際に体験した事柄のなかから、仏教（真宗）と呼ばれるものの「信」の構造を考えてみたいと思う。

あるとき、自坊の本堂で聞いたお説教である。

「原発、原発とやかましいことだが、凡夫のわれわれが正しい判断などできるわけがない。そんな運動にうつつをぬかす暇があったら、仏法を聞け」

「ある布教師の先生」が、私たち夫婦の活動を知ったうえで、私たちを目の前にして語られたお説教の一節であった。たしかに、言葉だけをたどれば、どこにも間違いなどない。正しいお説教に違いない。しかし、そのとき背筋に走った衝撃はいまだに忘れない。その言葉で私のなかの何かが壊れた。

私の住む能登《のと》半島の最先端、石川県珠洲《すず》市が原子力発電所の予定地に見込まれてしまった。それも中部電力・北陸電力・関西電力の三社が同時に二カ所、それぞれ一〇〇万キロワット級の原子力発電所を計画したのを皮切りに、ゆくゆくは日本海側一の原発基地にするというたいへんなものだった。最終目標としては放射性廃棄物の処分場も考えられているという裏情報も入ってくる。

それから市民運動が展開され、二〇年にわたって地域を二分する熾烈《しれつ》な闘いが続いた。その反対勢力のひとつが、私たち大谷派の寺に住む住職や坊守だったのだ。

結果、原発を追い出すことに成功したけれども、それは気の滅入る消耗戦の連続であった。過疎地の住民が推進派・反対派に分かれて入り乱れる生活は、かなりきつい。それは子どもの世界にまで影を落とす。

起こったことはとても書ききれないが、町中にバラまかれた嫌がらせの手紙は、正直たいへんだった。私たちが「革マル」や「中核」だという根も葉もない話は笑い流せたが、「離れて住んでいる高校一年の娘」が「妊娠した」というデマを書き連ねた手紙が市内中にバラまかれたときには、背筋が凍った。私たちだけならまだしも、まだ未成年の子どもまでターゲットにされるとは……。

何日経っても怒りが収まらない。なんとか仕返しをしてやりたいと考えた私が本気で策を練りはじめたのは、自然の成り行きだったと思う。

「アホ、何のために仏飯《ぶっぱん》をいただいてきた。冷静になれ。食うためにやらされている人間がいることを忘れるな!!」

言われて私はハッとした。夫が止めなかったら、それなりの「意地の悪い」仕返しをしていたかもしれない。

たしかに夫の言うとおりだと思う。こんな手を使う人たちにやがて地域が牛耳《ぎゅうじ》られる。そんなところには住みたくはない。「何が何でも原発を止めるしかない」と覚悟を決めるしかなかった。

いまにして思えば、どうにもならない渦のなかに巻き込まれてしまった劇的な二〇年だったと思う。

そんな闘いの末に、私たちの寺にも、いまだに人間関係がつながらないご門徒がある。福島の事故が起こっても、なお、その関係が改善することはない。

◉国家の仕事は止められない日本

幕切れは意外とあっけなくやってきた。状況を分析するまでもなく、バブルが崩壊して、電力の使用量が激減した。能登半島の最先端という地の果てから、当時、鉄塔だけで一本一億円、三〇〇本もの巨大な電柱を使って電気を送る、もうそこまでの電力を必要としなくなったという電力会社側の事情にほかならない。

原発は国策である。この日本では、国家の仕事など、住民がどんなにがんばっても止められるものではない。いまの沖縄を見れば、その状況の厳しさはわかろうというものだ。残念だけど、私たちはそんな国に住んでいるのだ。

偶然にも、私たちの場合は止まったのだ。しかし、止まったのは偶然でも、粘りに粘ったのは私たちの力だ。はじめは数人の、その小さな火が全市に飛び火し、瞬く間に燃え上がり、仲間が増えていくことで、私たちは勇気をいただいた。その火は最後まで、ただの一度も衰えたと感じたことはなかった。それは私たちの一向一揆だったと、いまでも思っている。

いくつも忘れられないことがあったが、「南無阿弥陀仏」という旗を立てた、原発の危険を訴える「街頭宣伝カー」に涙を流しながら手を合わせている年寄りがいたり、夕方の制限時間ギリギリに、帰宅した人たちをねらって団地を回る「街頭宣伝」が始まると、電気がついていない、留守のはずの公営住宅の窓のカーテンがかすかに揺れて、人に隠れて、熱心に聞いているらしい人の気配があちこちで見えたり、そのたびに胸が熱くなり、元気をいただいた。

しかしもちろん、そんな感動ばかりではない。年配のあるご門徒が、坊守である私を見据えて、「あんたは寺のくせに命が惜しいのか。おれたちは鉄砲の弾の下をくぐった」と言い放ったのを聞いたときの驚きは忘れられない。

「自分の命も、人の命も、ぜんぶ大切な命なのだ」と言い返しても、その落差を埋める力など自分にはないことを噛《か》み締めた。

複雑な人間関係をつくりながら広がった反対運動の襞《ひだ》の奥の奥には、思い出したくないこともたくさんあるが、それらをぜんぶ割り引いても、一人ひとりが主役となって闘ったあの二〇年は、ほんとうに得がたい体験だったと思う。私たちはよい体験をしたと、いまは思っている。

しかし、一生のなかで、もっとも大切な時間をなぜ……という思いは正直否めない。私たちは結果としては原発を止めることができたけれど、私自身に即していえば、四〇代、五〇代というもっとも仕事のできる時代のすべてを反原発闘争に費やしてしまうことになってしまったのだ。

もちろん、それは私だけの思いではない。闘ったみんながいまも噛み締めている。

いまにして思えば、あの熱気はいったい何だったんだろうかと思う。一向一揆とも見まがうほどの熱も、ひとたび冷めてしまえば、ほんとうに何だったのだろうか――。

珠洲市の行政も、市民に何度も詰め寄られたことなどまるでなかったかのように、建設業を中心とする「利益共同体ネットワーク」が市政のすべてを牛耳る、どこにでもある「自民党王国」に戻ってしまった。

◉信心を問いかけることに失敗した

そんななかで、ひとつだけ、はっきりしていることがある。私たちの血のなかに、かすかに残っていた一向一揆の息吹。それを現代に翻訳して、もう一度、あらためて「信心とは何か」を問いかけることに、私たちは見事に失敗したという事実だった。

そんなとき、寺の本堂で語られる話は、時として、正直しんどかった。

「凡夫の分際で自己主張などしても、如来の前に出たら寝言にすぎない。推進も反対も所詮《しょせん》は凡夫の寝言ではないか。ただ黙って仏法を聞け」

そんなつもりはなくても、結果としてはそう言ったのだと私は思う。

それらの話（伝統的な説教）は、よく聞いていくと、「凡夫である私たちは、王法（国の論理）に逆らわず、自己を見つめ、『中道』を行くことがお念仏の本旨である」という話に結局は行き着くのだ。自分たちで講師が選べないような、教団の息のかかった場所での説法では、正直いって、そこを超えていく話に出合うことは滅多にない。

どちらにもつかないことを「中道」と解釈するいい加減さにも、うんざりする。イエスかノーしか答えのない現場で、どちらにもつかない人など、だれにも信用されない。仏教でいう

「中道」というのはそんな意味だろうか。

布教師先生たちの責任ではない。先生はキチンと話しておられるにすぎない。では、何がおかしいのか。私は独学なので、取り方が間違っているのかもしれない。だとしたら、親鸞聖人が明らかにされた仏法は、ほんとうにそんなものだったのだろうか。何度も行きつ戻りつ考えつつ……だんだん失望が広がっていった。正直しんどかった。夫は布教の現場にいる。私の状況はそばで見ているとわかるけれども、明快な打開策などあるわけはない。

「お話を聞く人には、いろいろな人がおられるからなぁ」と困惑しつつも、いろいろな本を積み上げてくれたのだった。

◉「自己とは何ぞや」

原発が止まって一〇年。寺の中での雑事に追われながら、原発問題を踏み越えることでもってしまったお説教への違和感の訳が知りたくて、私は、キッチンの片隅で、翻訳された経典や仏伝をふたたび読みはじめたのである。

読みながら、少しずつ、昔の引っかかりを思い出した。

同朋会《どうぼうかい》運動という大谷派の信仰運動で、「機責め」（自分の拠って立つ信仰の内実を明らかにするために、先生に自分の有り様をとことん問答で追及されること）と呼ばれるものも、見たり聞いたり体験したりもした。しかし、どうしても違和感が残ってしまった当時の感覚は何だったのだろうか。私の問いは、その「ひっかかり」ともどこかでつながっていたのかもしれないとも思う。

当時の機責めの場面を重ねてみる。ちょっと引いて見ていると、必ず同じパターンで問題が煮詰まっていく、つまり結論が見えてくるのだ。

「人を責めていたけれども、悪いのは私でした」

「それは実は私の問題でした」

そんな「私でした」合戦が必ず始まる。とてもいいタイミングで、人に先駆けて「私でした」合戦を始めた人が、その場の空気をうまくつかんでいく。

「そんな話でほんとうに納得したの?!」と、つい言いたくなる。

そこで根底に流れるのは「自己とは何ぞや」という内省だ。あらゆる問題の最後にあるのがこの「自己とは何ぞや」であって、問題を問いつづけ、不都合の原因をつくっていたのは「ほかならぬ私でした」というところに落ち着くことで、救済が始まるのだ。これが明治以来の近代教学の華のようにいわれてきたけれども、ほんとうにそうだろうか。近代の言葉で明らかにされたことは事実だけれども、近代教学などと無縁な「節談説教《ふしだんせっきょう》*20」で育ったご門徒のなかにも、そんなセオリーはキッチリと伝わっている。

「ありゃ（あれが）悪い、こりゃあ（これが）悪いと人を責めておったけど、悪いのはほかでもないこの婆《ばば》やったわいやー、いよいよ如来様にお助けいただかにゃならんのは、この下品下生の婆やったわいやー。なんまんだぶー、なんまんだぶー」

こんな話を何度聞いたことかと思う。子どものころの寺の本堂はこんな話に満ち満ちていて、床が落ちるほどのご門徒で溢れかえっていた。「自己とは何ぞや」といえば、いかにも哲学的で深そうだが、こと「信」の内実として見るかぎり、江戸時代から続く変わることのない落としどころのひとつである。

◉すべてを「気の持ちよう」で解決

先日、寺の掲示板に住職が書いた言葉がある。

「思い上がっているから孤独になり、そして行き詰まるのです」

野田風雪《のだふうせつ》という有名な先生の言葉を、字数調整をして住職が書いたのだという。それを娘がフェイスブックにアップするや、地元の人たちを中心にして反響が帰ってくる。

「あっ、私のことです」

「痛い言葉です」

「自己に執着せずに他者に委ねたほうがよいよ」

そんな書き込みを読みながら、複雑な気持ちになってしまう。私は、この手の言葉はやはり気になって仕方がない。「孤独になったり、行き詰まったり」するのは「思い上がっている」からなのだろうか。そんな場合もあるけれども、そうでない場合もある。

現代の社会は、人間を疎外するさまざまなもので溢れている。存在自体が弱者の場合、いじめにあっている場合、効率と実績だけを評価の基準とする企業に追い立てられている場合、それらのすべてを「思い上がっている」と乱暴にくくる感覚は、どうしても頷けない。すべての責任を自己に帰するところからは、社会と出合う立場は決して開けない。

「自己とは何ぞや」と問いかけることだけで開かれていくこともあるだろう。しかし、それは強い立場の人たちの話だ。

「自己とは何ぞや」と問いかければ問いかけるほど、出口のない迷宮へ迷い込んでいく人たちもある。

はっきりいえば、いまの仏教は、言葉は悪いが、すべての問題が「気の持ちようだけで解決する」と言っているに等しいといったら言い過ぎだろうか。救済とは「脳内現象」がすべてなのか、と意地悪く言ってみたりする。原発・戦争・憲法・貧困・格差・差別、そんな、遠くて身近な問題のすべてが「気の持ちよう」だけで解決するはずがない。そんなところへは近代教学は決して踏み込まない。高みから評論するだけで、「信仰の課題ではない」として一歩も踏み込まず、しかし、そこから出てくる苦悩は気の持ちようだけで解決すると言っているに等しい。

たぶん、江戸という管理された軍事（武家）政権のなかでは、個人の力で社会や制度に立ち向かうことはできなかった。そのなかで生きようとしたら、自分の心も体もその規範に合わせる以外になかったはずである。自分を取り巻く状況は決して動かせないものとして、そのなかで、どう乗り越えるのかと考えれば、答えはひとつ、あきらめるしかない。それも、中途半端にあきらめたのでは未練が残る。いかに「ありがたくあきらめるか」が大切なのだ。

考えてみれば、「悪いのは自分だったという罪業の表白」と引き換えにして、歓喜に満ちて信心をいただくという構造は願ってもない。ありがたく不都合な現実を受け入れつつ、体制を補完しつづける駒になる。そこにこそ救済が成り立つ。そんな信の構造を三〇〇年もかけてつくってしまったのかもしれない。

変質させられてしまったというよりは、そうするしかなかった時代の「信の内実」が見えてくる。それをそのままにして、この時代に合わせようとしても、無理があるのは当たり前ではないかと思う。救済の有り様を、親鸞の時代に帰って、もう一度とらえ直さなければならない。そこをはっきりさせないかぎり、上野千鶴子の述懐のように、何が起こっても頭の上を通り過ぎてしまって、主体的に時代の担い手として生きる人々を生み出すことは絶対にない。

親鸞の生き方はほんとうにそんな生き方だったろうかと考えてみる。

ここまでくれば、封建教学も近代教学も、少なくとも末寺の現場から見るかぎり、大した違いはない。「極端を避けて中道を行くことが本旨」とすれば、私たちの宗祖と仰ぐ親鸞が、およそ仏教の歴史で初めて、教団の正規のメンバーでありつつ、「妻をもつ」などという極端なことをしたのは、なぜだろうか。いや、そもそも比叡山を下りたのは、なぜだろうか。当時の社会で流罪《るざい》になるような極端なことをしたのは、なぜなのだろうか。親鸞のしたことをいまの時代に当てはめてみると、どうなるか。『教行信証』を通して、朝廷にまで物申す、なかなか大変な活動家であったことがわかろうというものだ。

◉自分が変わるだけでは解けない問題

「あなたは追い詰められて、自分のどこが悪いのかと悩んでいるけど、その悩みは、どれだけ個人的に見えても、あなただけのものではない。たくさんの女たちが同じところで苦しんできたのよ」

私が経験したウーマンリブの人たちは、そう語りかけながら、ただひたすら女たちの痛みに寄り添った。自分が変わるだけではとうてい解決することのない社会の仕組み、つまり、大きな構造のなかで行き詰まっていく社会的弱者としての自分と出会うまで、彼女らは傷ついた女でもある。

たちに寄り添ってくれたのだ。それは、日本の社会の根底に流れる『マヌの法典』との出合い

「きわめて愚かな、そして半人前の智者ぶった女にも説法されています」

『涅槃経』の引用を思い出してもらいたい。真に自立者として生きることが認められてこなかった社会では、女たちは当然、行き詰まることになる。なかでも苦しいのは、「自分が思い上がっているのだろうか」と何度も問い返すことである。自分に原因を見つけようとしているあいだは、社会の構造を見通して、自分の置かれている現実にまで目が届くことは決してない。

私が知っているウーマンリブの人たちは、女たちの歴史をかけて、その傷の源に出合うまで、丁寧にたどっていく。もっといえば、そこで、自分が変わるだけでは決して解決できない問題があるということに、女たちは初めて出合うのだ。

別の差別を考えてみれば、たぶんもっとわかりやすい。部落差別問題を例にとろう。部落差別で行き詰まっている人に「自己とは何ぞやと、わかるまで問いかけつづけなさい」と機責めできるだろうか。被差別の問題として乱暴にくることはできないけれども、部落差別や人種差別の問題で苦しんできた人たちも、女たちと同じ違和感をもっているのではないかと思う。

すべての苦悩は「自己に始まって、自己で完結する」と宗教が言いつづけたらどうなるのかと考えてみる。自己だけで完結したら、社会が見えなくなる。かくして、社会とのつながりを

閉ざしても成り立つ教学ができあがる。そんな現実そのものを問わないかぎり、ここを超える地平を獲得することはできないのではないかと私は思う。

◉東本願寺紛争はまだ終わらない

東本願寺はその昔（一九七〇年前後から約一〇年間）、いつもどこかの新聞の社会面の記事のネタになるような事件を起こしつづけていたのを知っているだろうか。いまさら「東本願寺紛争」といっても、教団のなかでさえも知らない人たちがいる現状だが、私はこの問題、つまり「信の構造」を考えるとき、東本願寺のあの紛争は避けては通れないと思う。

私は、東本願寺のあの長い闘争にかかわって『貴族の死滅する日――東本願寺十年戦争の真相』（晩聲社）というノンフィクションを書いたが、あの事件の本質は、大谷家の人々と改革派と呼ばれた人々とは信仰の内実が明らかに違うという信仰問題だったと思う。改革派は同朋会運動という新たな信仰運動を創った。それが大谷家の人たちの反感を買った。財産問題だけがクローズアップされてしまって、事件そのものが矮小《わいしょう》化されたが、信仰の内実の違いは報道にも裁判にもなじまないので、なかなか本質が伝わらない。

膨大な東本願寺（宗派）の資産のすべてが、大谷家の個人財産であると信じて疑わない大谷家の方々が、内局（教団内の内閣。初期は、新しい信仰運動を興した人たちと大谷家の考えに同調する人たちに分かれていたが、後期は前者が優勢を保っていた）に無断で、東本願寺の東にある時価数億円という庭付きの文化財「枳殻邸《きこくてい》」を担保に供して現金を手に入れようとしたことから表沙汰になった。教団はあくまでも法人だから、大谷家の個人財産には当たらない。「私物化できる」という、現代では考えられない発想の根底にあるのは、大谷家の人々の信仰の質であった。

内局の終始一貫した姿勢は、宗門改革を志す改革派と、大谷家に代表される古い宗門感情をもつ人々との信仰の内実の違いを明らかにするということにあった。その違いが門徒大衆の前に少しずつ明らかになるにつれて、ご門徒の理解が広がっていったように思う。

事件後、だれの前にも明らかになったその違いをどこまで深めえたのかと、時々思うことがある。

大谷家の信仰の内実は、封建時代に完成した「貴人《きじん》信仰」と呼ばれるものをその骨格としていた。親鸞聖人の血脈を受け継ぐものが、その血の力で、自らが善知識《ぜんちしき》（信仰上の先生）となり、門徒を教化し、ありがたい経を読み、死後の安泰を約束する。末寺の住職はその代理人である、というほどの内容をもつ。別名「門跡《もんぜき》信仰」「生き仏信仰」とも呼ばれている。

簡単にいいきってしまえば、いろいろと問題があるが、私が直接、大谷家の人にお話を聴いたかぎりでは、間違いなくそんな内実をもっていたと思う。法は血脈のある「法主《ほっす》」（親鸞の血を引く一族が世襲で継ぐ教団の統率者）が説くと言い張られる割には、彼らから「仏法」の中身が語られることはついぞなかった。法主から「度牒《どちょう》」（得度《とくど》をして僧になったという証明書）をいただいた末寺の住職が法主の代理として仏事を執り行なうということが、彼らの信仰のすべてであることがわかる。つまり、本願寺の主である親鸞と血がつながった大谷家一族の代理として、末寺の住職が信者を死後の浄土にどうやったら「つつがなく送ることができるのか」。これが彼らの信仰の究極の目的であることがうかがわれた。

これはたぶん、江戸時代の統治者たちが意図したことだったのだろう。あの一向一揆を起こした僧俗が、門徒を死後の浄土に送ることだけに専念するかぎり、問題は起こらない。親鸞や蓮如と血がつながっているはずの大谷家の人たちだが、私にはカルトとしか聞こえない。彼らの悲惨な解釈を聞いて、明治以後、一度もきちんと仏法を聞くことのなかった人たちなのかもしれないと思ったのを覚えている。封建教学で育ったとはいえ、苦しい日暮らしのなかから仏法を聞きつづけてきた末寺のご門徒の信心のほうが、はるかに真宗としては上等である。

◉念仏者として社会の現実とかかわる

では、その東本願寺紛争の一方を担った改革派は何を明らかにしたのか。清沢満之をその始めとする近代教学は、同朋会運動（敵・味方を超えて、すべての人々を御同朋《おんどうぼう》と呼べる運動）のなかで、従来の寺檀関係を超えて広がる「御同朋」をつなぎえたのだろうか。同朋会運動が目標とした「家の宗教から個の自覚の宗教へ」というスローガンが門徒大衆のなかへ浸透して、ほんとうに広がっていったのだろうか。

末寺に住みつづけている私の実感として、高座（布教師が座る、噺家が使うような高い台。講座ともいう）に座って語るお説教が、黒板の前で立ってお話をするスタイルに変わったけれども、法話の内容がどこか変わったのだろうかと、ふと思うことがある。その根っこの部分で、どこかが変わったという気はあまりしない。その気になれば、各寺の行事以外にお話を聞くチャンスが増えたけれども、ご門徒の方々の生活のなかから寺というもの自体が消えつつあることを止めることはもうできない。私自身に即していえば、やれると思うことはぜんぶやったと思うほど動いてみたけれども、肝心の私自身が、どうにもならない違和感に苛まれつづけている。

江戸時代に変質させられてしまった教学を「封建教学」として否定するところまでは同じだが、その先は……と考えてしまう。すべての苦悩を、「自己とは何ぞや」と問いつづけるだけで、ほんとうに解決することができるのだろうか。いや、解決させてはならないのだと思う。社会とつながる自己として、一方の窓だけは、社会に向かってしっかりと開けておかなければならない。いいかえれば、如来とともに現実の国の有り様を問いつづけるという内実を、信仰の課題のひとつとして併せ持つことを否定してはいけないのだと私は思う。それは、念仏者として直接、社会の現実とかかわるということにほかならないのではないだろうか。

私があの反原発運動の最中に感じた寺の本堂での違和感と、これらのことは深いつながりがあるに違いない。原発に反対する側も賛成する側も「凡夫」だから、互いに法を聞け。これはたしかに、これ以上ない「正解」に違いない。しかし、その言葉は、「仏法を聞く身が、政治など娑婆の話に口を出すなどというのはもってのほか、念仏を求める者は、ただ黙って法を聞いておればよい」と聞こえてしまうのだ。

いま、戦争をできる国にするか、しないかで政治は揺れているが、政府に対する抗議の輪のなかにいる人たちに面と向かって、「凡夫のやることはしれている。反対も賛成も、ただ黙って仏法を聞け」と袈裟衣《けさころも》で言うようなものだ。もちろん、両方に仏法を聞けと言っているにもかかわらず、政治の中枢にいる人たちに同じことを言うことは決してない。つまり、ここでは、説教をする側の人たちは、傍観者として常に安全な場所にいながら、「為政者には逆らうな」と言っているにすぎない。

このときの「凡夫」というのは、どういう意味をもつのだろうか。あらためて考えてみる。これは、「どうせ何をやっても間違いなのだから」という冠として利用されているのだ。つまり「凡夫」は「何をやっても間違う人」と定義されているのである。では、ここでいう「凡夫」を超えた正しいこと、間違わないこととはいったい何なのだろうか。

これらのお説教からは、愚かな凡夫にかけられているはずの「如来の願い」がまったく感じられない。

◉後を継ぐ私たちの課題

とても乱暴にいえば、この世には凡夫しかいない。ただし、凡夫の自覚をしっかりもった人だけが信を得ることができる。その凡夫とは何ものか。「食べなければ死ぬ」「寒ければ、暑ければ死ぬ」「楽を求め、すさまじいまでに生を追求する」。それは生き物の姿そのものだ。

親鸞の凡夫の自覚は、その時代の道徳や価値観や善悪とは無縁のものだ。自分を凡夫・愚者と定めた親鸞の罪の意識は、まるで深海の底をのぞくように深い。生き物（一切の衆生）すべての罪を独り背負って、愚者として立ち上がられた。私たちは、そんな課題をほんとうにちゃんといただいているだろうかと思う。如来の声を「悼み」に変えて、どうしたら立ち上がれるのか。そんな自己との出会いこそ、お念仏の世界なのだろうと私は思っている。釈迦の教えを私のところまで届けてくださったインド・中国・日本の七高僧の方々も、親鸞聖人も、蓮如上人も、そんなふうにして立ち上がっていかれたのだと思う。

寺の本堂で語られる話は、「法を聴くような人々は、世間の問題にはかかわるな」、たぶんそんな意味だったのだと私は思う。こんなふうにして、仏法が説かれていく寺の本堂に、寺に住む私自身がどうしようもない居心地の悪さを感じてしまったのだった。

あの東本願寺問題では、私たちの原発反対運動のように、理解されない自坊（自分が預かっている寺）の所属門徒と大谷家の行状、その両方の板挟みになりながら、信を貫いた方々があったのだ。しかし、その方々も、とうとうたどり着けなかった地平があった。それが社会問題とのかかわりだ。

真宗大谷派で部落差別問題に取り組んだ橘了法や藤元正樹《ふじもとまさき》、靖国問題の和田稠《わだしげし》、各師が時代に先駆けて提示された課題が教団の中心になることは遂になかった。

だから、後を継ぐ私たちは、彼らの問題を丸ごと引き受けて、しかも、ここをしっかりと超えなければならない。そこをはっきりさせないかぎり、「私の東本願寺紛争はまだ終わらない」と感じている。

東本願寺紛争の最中に、たくさんの門徒を東本願寺に結集させた同朋会運動という大谷派のあの信仰運動が、いまかつての熱気を失ったことはだれしも認めるところだろう。それはなぜか。信仰の内実が自己を超えて社会と出合い、ふたたび自己に戻るというような社会とのつながりを見失ったままで、現代を生きようとしていることに最大の原因があるのではないか。そこを課題にしないかぎり、失速した感のある同朋会運動がふたたび息を吹き返すことも、寺の本堂に門徒大衆を巻き込んでイキイキとした空気が広がることもありえないと私は思う。

それは、いいかえれば、「死にきれる生をほんとうに生ききれるのか」という釈尊から与えられた大きな問いを、私たちが門徒の方々とともに「背負って生きる覚悟」を決めることにほかならないのだと私は思う。

勇ましく闘えと言っているように聞こえるだろうか。国家と闘うことの空しさは私も知っている。どうかかわるかは一人ひとりのご縁によるもの、どうしても行動に移せない状況もある。私たちが動けたのは、たまたまにすぎない。それぞれが自己の「お念仏の信の証のひとつ」として、自分の立場で社会の現実と「真摯に向き合うことができるのかどうか」、それだけが問われているのだと思う。そこがハッキリすれば、動けるか動けないかの問題ではない。動けない理由を探して言い訳をしたり、他人のせいにしたり、動いている人の足を引っ張ったり、そんなこともまったく不要となる。ただ静かに、動けない自分と向き合い、そのなかでも、なおできることを考えればよい。

そこさえしっかりしたら、「敵」と定めた電力会社の工作員に対してさえも見え方が変わってくる。「どう闘うのか」、その闘い方の質にこそ信心の内実がかかっているのだと私は思う。

珠洲原発の場合、信仰をもつ私たち僧俗が運動の質を変えた。それがあの二〇年をもちこたえさせたのだと私は確信している。

人類そのものの危機さえも孕《はら》む現代の問題の一つひとつに、イキイキと生きて働くことがなかったら、仏教教団がこれから先、生き延びることさえ、たぶんとてもむずかしいと思う。

九　新しい教学への息吹

「新しい教学への息吹」などというタイトルを付けたら、若い人たちの試みというふうに聞こえるだろうか。それが違うのだ。今年八二歳になる「伊香間祐學」（福井県越前《えちぜん》市真宗大谷派円宮寺前住職。北陸聞法道場元道場長）という人の話を聞いた。やっと見つけた「私の問い」への答えだったと思う。

「真宗大谷派における女性差別を考える女たちの会」という、字のごとくの内容をもつ会で話したことを契機にして、この稿をまとめ直してから三年。梶原敬一という人の『大無量寿経』の第三十五願の講義を聞いて、まとめ直す必要を感じてから四年。反原発の闘争が終わってから一四年。インドを旅してから二八年。ぽつぽつと断片的な原稿をまとめはじめてから、すでに三〇年がたった。

思えば長かったと思う。しかし、私のなかの問いはいま、伊香間祐學という人に出会って、ほぼ解決したと思っている。

真宗大谷派の近代教学の祖として冠たる「清沢満之」という人の教学を見事に言い当てて、しっかりと批判する宗門人に初めて出会ったのだ。その出会いは必然だったかもしれない。

◉「謀叛――大逆事件一〇〇年」

それは、伊勢谷功らが制作した「謀叛――大逆《たいぎゃく》事件一〇〇年」というタイトルのDVDと出会ったことによるものだった。ご縁というのはこういうことをいうのだと思う。この映像は前にも一度観たことがあったが、そのときはそのまま見流してしまったのだろう。機が熟していなかったというしかない。

大逆事件に巻き込まれて牢獄で自死した「高木顕明《たかぎけんみょう》」という真宗大谷派の僧を、宗門は見殺しにしたことを検証する内容であった。制作委員会を立ち上げて、東西本願寺の有志が制作に携わっている。このビデオの内容に私の問いへの答えが隠されていたと、いま確信している。

そのビデオを下敷きにして、知っている内容や調べた事実を付け加えながら、概略だけ簡単に紹介したいと思う。

大逆事件とは、一九一〇（明治四三）年五月から翌年一月にかけて多数の社会主義者や無政府主義者、市民運動（自由民権運動）にかかわっていた人たち、それに仏教各派の僧が、明治天皇の暗殺を企てたという嫌疑で逮捕・処刑された事件である。一説には総検挙者は数百人とまでいわれる事件だが、最終的には一二人が一九一一年一月の判決から一週間以内、逮捕から八カ月ほどの速さで、絞首刑となっている。命を落としたなかには、主犯格とされた幸徳秋水《こうとくしゅうすい》がいることから「幸徳事件」とも呼ばれている。

いまでは、典型的な国家による「でっちあげ事件」（冤罪《えんざい》）であったことがわかっている。幸徳秋水を敬愛していた竹久夢二《たけひさゆめじ》が、恋物語に仕立てた「宵待草」を作詞して弔意を表したことで知られている。

日露戦争のあとで、戦争に反対する市民が社会に物申す機運が生まれた時代、与謝野晶子《よさのあきこ》の「君死にたまふことなかれ」が大流行した時代だった。戦勝を喜ばず、各地で反戦運動が生まれている。

当時は、発達しはじめた重工業のために鉱毒事件（公害事件）が発生したり、劣悪な環境で働く労働者が出てきたりした。そんな時代はまた、女たちが安い労働力として、死ぬまで酷使されたり、性の商品化が進んだりなど、女が自由を奪われた時代でもあることを「女性史」は教えている。

事件はそんな時代背景のなかで起こった。

高木顕明もまた、巻き込まれた一人だった。彼は愛知県出身。彼の生家は在家であったが、縁あって和歌山県新宮《しんぐう》市にある浄泉寺という寺に入り、住職となる。その寺には被差別部落のご門徒があったことがご縁で部落問題に出合い、近所に遊郭ができたことで、売られてくる女たちと出会い、また低賃金・劣悪な環境で働く紀州《きしゅう》鉱山の労働者の現実を知ることになる。彼は、そんななかで社会の問題を自己の課題として立ち上がることを信仰の証とするかたちで、自分の教学（宗教の教義を学問にしたもの）を磨いていく。彼はそれを「余が社会主義」と呼んでいた。

新宮市は先取の気質のある木材の町で、いろいろな思想の人たちが出会い、さまざまな人脈をつないでいた。まだ生まれたばかりの反戦運動や廃娼《はいしょう》運動などの社会運動があり、市民社会が形成されはじめていたのだ。そんななかに社会主義思想をもつ人たちがいたのも、自然の成り行きだった。

長野県で、ほんの数人が明治天皇を殺そうと謀《はか》って、爆発物の実験をしたという罪で捕まったのをきっかけにして、全国に飛び火し、大逆事件が始まる。最終的には二六人が実際に刑を受けている。内訳は一二人が死刑、一二人が無期懲役、二人が有期刑に処されるという日本中を震撼《しんかん》させた大事件となった。

記録を読むと、「殺そうとした」という割には、その爆発物はほぼ爆竹同然だったことがわかっている。「現人神《あらひとがみ》への道を歩みはじめた天皇」から血が流れれば、「人間」であることが国民の前ではっきりするという程度の意識だったことがうかがわれる。

幸徳秋水は事件には直接かかわりがなかったが、「管野《かんの》すが」というたったひとりの女性の逮捕者と同棲中だった。幸徳は計画を知って、はっきりと一度は「やめろと止めた」ということがわかっている。

一方、高木顕明は、彼の信仰告白の書『余が社会主義』が誤解を招いたとしか考えられない経緯で逮捕された。彼もまた、彼らとは社会運動の仲間だったのだ。

彼の「社会主義」は、マルクスの社会主義とはその本筋がまったく異なっていて、「社会の問題を自己の信仰の課題とする」というほどの意味をもっている。

◉国に追随した仏教教団

そのとき、大谷派はどう対処したのか。逮捕され、終身刑を宣告された彼を、その内容も確認せずに簡単に見捨てた。住職の資格も僧籍も剥奪して放逐した（住職差免《さめん》、擯斥《ひんせき》）。もちろん大谷派だけではない。逮捕者を出した他の宗派もまったく同様の処分だった。

その直後、死刑執行のわずか一週間後というから驚くが、「徳富蘆花《とくとみろか》」は第一高等学校（いまの東京大学。校長＝新渡戸稲造《にとべいなぞう》）の弁論部に請われて、学生相手に「謀叛論《むほんろん》」という珠玉の演説をしている。

〈もともとこの明治という時代は幕府に対する謀叛によって成立した。新しいものは常に謀叛から始まる。謀叛を恐れるな〉という内容であった。（徳富蘆花『謀叛論』岩波文庫）

徳富蘆花は自らの思想を「自家の社会主義を摂る」（私は私流の社会主義を生きる）と言っているが、彼は反天皇論者ではない。天皇を押し立てて幕府を倒した熱も冷めやらぬ明治。天皇への敬愛をまったくもっていない論客を見つけるほうがむずかしいという時代なのだ。

高木顕明も、幸徳秋水も、徳富蘆花も、「社会主義」というキーワードでつながってはいるが、「社会主義」という思想的実態がまだ確立していなかったばかりか、「天皇制」という言葉さえもまだなかったという論者さえある。読んでいくと、「無政府主義」「民主主義」「キリスト教」などが渾然《こんぜん》一体となり、欧米への留学者がもたらすさまざまな新しい思想が渦巻き、雑誌や新聞が次々と創刊される、エネルギー溢れる時代だったのだ。では、何が大逆事件を生んだのか。

徳川を破ってつくった侍の寄り集まりの明治という国が、日清・日露という二つの戦争にも曲がりなりに勝利して、国家としての野心をむき出しにしようとするなかで、邪魔になるものをとにかく潰して、国家の威信を見せつけた。そんな事件だったのだと私は思う。

この事件に対する徳富蘆花の論点はとても明確だ。近代という世界の動きをふまえつつ、天皇自身とその無能な取り巻きに対して繰り返す批判と警鐘の内容は、来たるべき時代の天皇やその取り巻きが、期せずして引きずり寄せてしまったあの悲惨な歴史を予見するようで、興味深い。

◉明治の知性に後れをとる精神主義

徳富蘆花のように、直接、大逆事件の批判と銘打った論客はいなかったが、天皇を押し立てて、学問や言論に圧力を強めて世論を統制していく国家というものを相手に、痛烈な批判をしているのが当時の論壇だったといえる。

徳富蘆花はそのなかで、何の反応もしていない仏教各派の動きに「一人位は逆徒の命乞する者があって宜いではないか」と、きわめて辛辣な批判をしているのが興味深い。

そのころ、真宗大谷派の論客はこの問題をどうとらえていたのか。

石川県白山市《はくさん》（旧松任市《まっとう》周辺）に「明達寺《みょうたつじ》」という寺がある。そこの住職に「暁烏敏《あけがらすはや》」という僧がいた。宗務総長という宗派の総理大臣まで務めた人で、近代教学の祖といわれた清沢満之の直弟子の一人である。近代教学の正当な後継者の地位を受け継ぐ念仏者で、宗務総長の時代には「念仏総長」とまでいわれた教団の有名人である。

彼は、死刑執行直後の二月一〇日付の『精神界』（清沢満之の同人誌の一種。後述）に「大逆心」と題する一文を寄せていることを、先に紹介した「謀叛」（ＤＶＤ）は伝えている。

「この事件で逮捕された者たちは逆徒である」。これが彼の意見であった。それと同時に、人を非難する前に自分のなかに同じ逆心がないか、深く点検することを求めている。たとえ、私たちの心の片隅にでも共感する気持ちがあったら、点検して洗い出せと言っているのだ。彼らの言う「自己とは何ぞや」という内省が「無残な働き」をしていることがわかる。

この発言の社会性のなさはまことに無残である。いま見れば、まさに論じる価値もないというレベルのものである。徳富蘆花と比べても、いかに当時の社会の「知性」とズレていたかがよくわかる。

私も石川県に生まれ、石川県の寺に住んでいる。この人には会ったことはないが、私の母は金沢に生まれた。その父、私の祖父は暁烏とは旧知の仲であったという。一緒に勉強会を立ち上げて機関誌までつくっていた。祖父は晩年、暁烏と大げんかをして、「カラスのように腹黒い」と親交を絶ったと聞いている。しかし母は、私の父と結婚するときに、お祝いと称して祖父を通して暁烏自作の抹茶茶碗《ぢゃわん》をもらっている。

子どものころから家には、「暁烏敏」と名の入った染抜きの手ぬぐいがあった。何かの記念品だったのかもしれない。「十億の人に十億の母あれど　我が母に勝る母あらめやも」と書いてあったと記憶している。

暁烏が先の戦争に本気で協力したことは知っていたが、かなりあとまで私は彼が近代教学の徒であったことを知らなかった。

暁烏の、大逆事件を起こした人たちを「逆徒」と決めつけたこの反応はわかる気がする。私の記憶をどこまでたどっても、国家の判断に物申す人など、とうてい出てこない。これが当時の北陸の寺の風土であったと思う。

彼の師、清沢満之とはどんな人だったのだろうか。

◉清沢満之の信仰

清沢満之は、日本の明治期に活躍した真宗大谷派（本山・東本願寺）の学僧。哲学者としても有名である。

文久三（一八六三）年生まれというから、江戸末期の人である。一九〇三（明治三六）年に四〇歳の若さで亡くなっている。大逆事件の七年前であった。高木顕明の一歳年上、同じ時代を生きた人である。

旧姓は「徳永」、幼名は「満之助」。高木と同じく愛知県の在家（徳川に仕える直参の旗本の末端に名を連ねる武士）の生まれであったが、清沢やす子と結婚し、清沢満之となり、愛知県の西方寺の副住職として亡くなっている。

真宗大谷派の奨学金で学び、東京大学文学部哲学科を卒業して、のちに東京大学で教鞭《きょうべん》をとるエリート。現大谷大学の初代学長となっている。

その信仰は「精神主義」といわれている。精神主義なるものを私が解説するのは少し荷が重いが、あくまでも私流に解説してみたい。

人は人生を生きようとするとき、必ず何かしらのいわば信条があるものだが、その信条を自分で問い返す必要に迫られるのが人間の常である。そこを突き詰めていく過程で必ず必要になるのが、まずその生きる主体としての自分である。いいかえれば「自己とは何ぞや」という問いである。

その問いを問い詰めていくと、必ず明らかになる道筋が「凡夫としての自己」との出会いである。しかし、その凡夫としての自己の発見は容易にできるものではない。それは「凡夫でないもの」、つまり、いのちの原理から生まれる「真実の働き」という手本に照らしてみるという作業を必ず必要とする。

その真実の働きを「阿弥陀如来」（無限・絶対・他力）と名づけ、帰命《きみょう》（南無）することができたとき、初めてその人は救済の入り口に立つことができる。自分のなかから聞こえる如来の声に耳を澄ましながら、如来を感じることのできる立場は、同時に「神がかりや迷信」を排して、純粋に哲学的に「自己とは何ぞや」と内省していく道を開いていく。その道筋を精神主義という。

ちょっと心許ないが、私ができる解説はこの程度だ。興味があったら自分で確かめてもらうしかない。

清沢満之は、その教学中心主義の立場から宗門改革運動を起こし、門下生を育てて、雑誌『精神界』を発刊するなど、日本仏教の近代化に尽くした。

親鸞聖人の教えが私たちが住む場所まで届いたそのときから、寺の本堂で、生きにくさに泣きながら、数百年の歴史をかけて座りつづけ、ただひたすら如来を頼みつづけ、救済されていかれた私たちの先祖の精神の軌跡を、哲学的に解き起こしてもらったのだと私は思う。

清沢は、大谷派においては燦然《さんぜん》と輝く「近代教学の祖」といわれ、いまも宗門で清沢を公然と批判する人など、まずいない。

しかし、この精神主義には実は大きな落とし穴があったのだ。自分の生きにくさのすべてを自分由来の「煩悩」（有限・相対・自力）という原因にひとくくりにして、凡夫の属性として自分に帰してしまうという立場を一歩も譲らない。

存在自体が弱者の場合、人並みに生きたいと願う当たり前の社会的な要求のすべてが個人の「煩悩」に帰されてしまう。そこからは、差別・被差別の関係を乗り越えていくという要求すら生まれることはない。

また、「苦悩のすべてを自己に帰して、救済により完結する」という立場からは、社会の構成員の一人として社会にかかわっていくという、市民としての立場は絶対に開けない。

伊香間は、清沢の精神主義を「封建教学とほとんど同じ」と言い切ってみせる。その明快な批判はとても興味深い。「私の直感は当たっていた」と思うに十分だった。近代教学そのものに問題があったのだ。

この本を完成させるためというよりは、原発反対運動以来の私の教学への不審の訳をはっきりさせてもらったことを確かめるために、どうしても会いたい人だった。

二〇一六年一一月二八日といえば、大谷派では親鸞聖人のご命日。報恩講の満座の日だ。東本願寺の近くの本山参拝用の詰所の一室で、数人の人と一緒に伊香間祐學の話を聞くこととなった。

◉「精神主義教学」の限界

伊香間祐學は痩身で小柄、癌《がん》をコントロールしながら生活しているという。しかし、病身とはとうてい思えない。力のある言葉と表情は、彼の著作『「精神主義」を問い直す――近代教学は社会の問題にどう答えたか』（北陸聞法道場、一九九二年）の印象を彷彿《ほうふつ》とさせる。

江戸時代の仏教の教義が徳川幕府に管理され、変質させられた話はすでにした。それが近代ではどうなったのか。いちばん聞きたいところを聞いてみた。

「では、明治に台頭した清沢満之の精神主義が何を開いたのか。言葉は哲学用語を使い、近代風に装いを変えても、中身は封建教学とほぼ同じなのです」

伊香間祐學はこう言い切る。明治の中ごろから台頭する市民という概念に応えられるものは何もなかったということなのだろう。

伊香間の意見は単なる感想ではない。彼は、「清沢満之の精神主義」と呼ばれた教学がどこから生まれたのか、それが明治に成立した近代国家とどういう関係にあったのかを検証しながら、現在の教学の問題点を明らかにするという膨大な作業を成し遂げている。

もちろん、伊香間ひとりの仕事ではない。現存する清沢の精神主義の機関誌『精神界』のすべてを復刻した復刻版を、北陸聞法道場で伊勢谷功らとともに、全国にいる同志と手分けして、詳細に分析したことから始まっているという。

「象徴的なのは、清沢満之は教育勅語が各学校へ下賜されたときに全面的に肯定していることです。当時、世間では批判の声も上がっていました。しかし彼は、そんな批判を知ってか知らずか、学校現場で遵守すべきであることを力説し、職員、学生に強い感激を与えたということです。清沢満之の主幹していた教育現場での記録を読むかぎり、非常に積極的です」

「彼は『世間虚仮《せけんこけ》』、つまり世間というのは虚しくて仮のものという考えですから、国家というものを批判の対象としてとらえることは、最後までまったくありませんでした」

伊香間の著書『「精神主義」を問い直す』から『精神界』に掲載された清沢の「宗教的信念の必須条件」（明治三四〈一九〇一〉年一一月）の記述を孫引きしてみよう。

一度如来の慈光に接してみれば、厭ふべき物もなければ、嫌ふべき事もなく、一切が愛好すべきもの、尊敬すべきものであつて、この世の事々物々が光りを放つやうになる。

（中略）

此に至ると、道徳を守るもよい、知識を求むるもよい、政治に関係するもよい、商売するもよい、漁猟をするもよい、国に事ある時は鉄砲を肩にして戦争に出かけるもよい、孝行もよい、愛国もよい、工業もよい、農業もよい。

まさかと思う。この恍惚《こうこつ》感は何だろうか。ここまできたらカルトに近い。いま、この現代で暮らす私たちには、とても違和感がある。しかし、どこかで聞いたことのある言葉である。何度も読んでみる。親鸞の語録『歎異抄《たんにしょう》』の一章の最後のほうかもしれない。

〔前略〕そのゆえは、罪悪深重・煩悩熾盛の衆生をたすけんがための願にてまします。しかれば本願を信ぜんには、他の善も要にあらず、念仏にまさるべき善なきゆえに。悪をも

おそるべからず、弥陀の本願をさまたぐるほどの悪なきがゆえにと云々
(『歎異抄』『真宗聖典』真宗大谷派、六二六頁)

親鸞も、いや釈迦も、「ありがたい信心を得たら、鉄砲を担いで戦争に行ってもよい」とは絶対に言わない。この『歎異抄』の一節の意味するところと似ているようで、実はまるで違う。『歎異抄』は、まだ信心を得ていない人に対して、回心《えしん》(信心を得ること)するときは、施した善も、犯してしまった悪も、等しく「凡夫の所業」にすぎない、回心のための徳にも、また回心のための障りにもならないのだ、と言っているのだ。

清沢の文脈に引きつけていえば、回心して、すべてがありがたく、イキイキとして仏智で輝いていているように見える人は、鉄砲を担いで自ら人を殺しに行ったりはしない。無理に行かせられるような悼ましい社会にならないことを願うだろう。

清沢にとっては、すべて輝いて見えるのだから、何が起ころうと、すべて嬉々《きき》として受け入れることは必定。そこまで肯定してしまえば、国家のすることはすべてすばらしいことだ。清沢教学からは、国家を批判するという姿勢はまったく出てこないはずだと思う。現代の社会では、そんな信仰など、民主主義を妨げる害毒にしかならないことは、私が言いだすまでもない。それに対して現在、どんな内部批判が教団で行なわれているのか、ぜひ聞いてみたい。

大逆事件は清沢の死の七年後に起こっている。彼が生きていたらどう言っただろうか。直弟子の暁烏敏は、大逆事件直後の『精神界』で、逮捕された人たちを「逆徒」と呼んだことはすでに述べた。大逆事件のあとの、各界の人々の国家に対する率直な批判など、彼らには無縁であったようだ。

伊香間の話に戻ろう。

「清沢満之ほどの学徒であれば、フランス革命やアメリカの独立戦争のことは知っていたはずなのに、そういう類の内乱のすべては、信心がないから、いらん騒動を起こしたという感覚です」

伊香間祐學の話を聞きながら、人と人が横につながって広がっていく人間観を江戸時代に生まれた人に求めるのは無理があると思った。そんな思想を紡ぐ人たちは、危険分子のレッテルを貼られて殺された時代なのだ。

「しかし、そんな思いを内に秘めて、などというところは微塵《みじん》もない」と伊香間は断言する。

教育勅語を賛仰し、あまりに無批判に明治という時代を受け入れたのはなぜか。先述したように、徳富蘆花のような当時の「時代の前衛たち」は、基本的には天皇を敬愛していた。明治天皇は幕府を倒した自分たちの天皇で、同志であったからだ。時代を動かす当時のエリート、清沢満之も同じく天皇を敬愛し、共につくる新しい国に熱い思いをもっていたのだろうと思う。しかし、明治の「知性」は早くもその正体を見抜きはじめていた。大逆事件をめぐる言論はそんな「知性」の発露であり、明治天皇を敬愛しつつも、同時に批判の眼も育てている。しかし、精神主義は、それらの明治の知性を批判こそすれ、同調することはついぞなかった。

◉この世は信心ひとつで乗り切れるのか

「彼は封建的な宿業論に立っていました。生まれてきたのには、それぞれの人にそれぞれの過去があって、それが原因で違った生を受けている。与えられた境遇をすべてそのまま受けるべきものだ、この世には矛盾などはない。矛盾を感じる心を翻すのが信心であると言っています」

伊香間の言葉は、私には「だめ押し」に聞こえた。

清沢の「精神主義　その三」（明治三五〈一九〇二〉年六月）を、伊香間の著書からふたたび孫引きしよう。

精神主義より云へば、如来の光明は無限であつて、社会に満ちたるのであるから、それに不足や弊害があらうとは思ひませぬ。之に不足弊害のあるやうに見るのは、私共の心の至らないのであります。其れ故私共の心さへ立派になれば、自ら社会は立派になるので、丁度此の世界を凡夫の世界と見て居るのは、私共の見る心が凡夫であるからなのであるが、今如来より見給へば、此の世界は清浄なる国土となるのと同じことであります。

これでは、弟子たちが差別発言をして、部落解放同盟から次々と糾弾されるはずだと思う。社会に問題が出てくるのは、社会そのものが悪いのではなくて、その社会を見る自分の目が曇っているからだと言っているのだ。これは、語り手である僧の立ち位置によっては、たいへん横柄な言葉に変わる。

女性差別も、部落差別も、障がい者差別も、ぜんぶ「差別と感じる人の問題」だと明言しているのだ。「是栴陀羅」のくだりの、あの悲惨な解釈が出てくる背景がここにある。

浅学で独学の身で物申すのもはばかられるが、どんな不条理を生きたにせよ、たとえば回心した暁には、その不条理のすべてがこの回心のためのご縁であったのだと、ありがたくイキイキと受け入れることができることこそ、信仰者の真骨頂だと私も思う。しかし、自分を苦しめた不条理そのものまで肯定するということにはならない。乗り越えた一人として、今度は一生をかけて、その不条理と向き合うという責任が生まれてくる。信仰者として、一味違った視点に立って、一生をかけてどう生きるのかが、如来（真理）から問われているのだ。そこが抜けたら、宗教は「アヘン」にしかならない。ふたたび「社会」という凡夫の生活の場に、何としても還らなければならないのだ。

清沢満之という巨人も、生活経験の浅い、わずか四〇歳で亡くなった学僧だったという目で、キチンと点検しなければならないと私は思う。

清沢教学への批判をまったく許さず、あくまで奉るという立場は、「差別は差別と感じる人の問題だ」と考える訓練を、私たちにお説教を通して日々刷り込んでなお悼むことのない立場を、いまも生きているということになる。

◉清沢満之を越えていくこと

あらためていえば、精神主義の内省は、あくまでも自分で始まって自分で完結する質のものとして信者に強要される。したがって、「存在自体が弱者」の場合、自分の行き詰まりは「社会の構造そのものにある」という眼をもちにくいばかりか、「存在自体が強者」の場合、弱者である人をつくりだしている責任がその社会の構成員である自分にもあるのだという、市民社会で不可欠な、社会性のある内省がとても生まれにくい。

「清沢満之の正統を継いだはずの暁烏敏が、足尾《あしお》銅山の鉱毒事件で田中正造《たなかしょうぞう》を批判して、何と言ったか知っていますか」

伊香間は重ねて言う。

田中正造は栃木県選出の帝国議会の代議士だった。渡良瀬川《わたらせがわ》の流域で足尾銅山の鉱毒に苦しむ人々に、生きる権利というものを教えて、共に立ち上がろうとした。なんとか国を動かそうとして天皇に直訴したり、いまでいう大がかりなデモを組織したりしたことで知られている。三国連太郎《みくにれんたろう》が主演する映画「襤褸《らんる》の旗」で、田中正造に扮《ふん》した三国がその汚染された土を口に含んだシーンは忘れられない。

田中正造は、明治から大正にかけて、富国強兵政策に伴って重工業を母体とした生産が国の根幹を担っていくという時代背景のなかで、「公害」というものの存在が初めて国の課題となる大切な節目を生きた人だ。

同時代に生きた暁烏敏の反応はどういうものだったのか、気にかかるところだ。伊香間の話を聞こう。

「それがなんと『田中正造は余計なことをした』と言ったんです。『彼らはこんな状況を受けるべくして受けているのであって、国や会社を敵に回して、人権思想を教えて立ち上がらせようなどということは、まったくもって無用なことだ。彼らは被害者というよりは、信心がないから苦しむんだ。男らしく服従せよ』と言ったんです。清沢満之の『服従論』がどんな人たちを育てたかということです」

田中正造と暁烏敏、二人の違いはとても大きい。もし暁烏が政治家や経済人なら、時代というものが期せずして限定してしまう思想ともいうべきものの限界を超えられなかったとしても、その時代でそれなりの仕事をしたら、好き嫌いは別にして、それに応じた評価はされると思うが、宗教者はそうはいかない。鉱毒で苦しむ人々を自己の課題にした田中正造と比べると、それを前世の因縁ととらえて、「男らしく服従せよ」と言い放つ姿勢からは、宗教性を感じることはむずかしい。

時代の制約のなかで何ができたかという問題より前に、命《いのち》を受けた同じ人間として、苦しむ人に共感し「悼む」ことのできない感受性を育てたものは何なのか。暁烏の無批判な「戦争協力」も同じである。北陸の寺に住むという環境なのか、住職という地位なのか、それともその育んだ教義からなのか。これは、決して時代のせいにして逃げることのできない重大な問題だと私は思う。

釈迦の仏教を自らの灯明とし、親鸞の教えを聞き開いたはずの人が、袈裟衣を着て言い放つ言葉ではない。高木顕明との違いは限りなく大きい。

「清沢教学そのもののもつ問題だと思います。そこを厳しく点検しないかぎり、社会の問題を自己の課題・信仰の課題とすることも、教学を磨き差別を超えていくこともできません」

伊香間祐學の言葉である。

差別を前世の因縁と了解して、「男らしく耐えろ」と言い換えてみる。ヒンドゥー教とどこが違うのかと思う。

たぶんこれは暁烏ひとりの問題ではない。寺に生まれ、女として寺に育った一人として、肌で感じる空気がある。江戸時代から続く寺の日常の空気なのだと思う。

「清沢教学から『教行信証』を読むから見えないんです。親鸞の『教行信証』から清沢満之を読み、キチンと評価しないと、時代の問いには応えられない」

清沢満之のすべてを鵜呑《うの》みにすることから始まっている「私たちの足元」をまず疑うことからしか何も始まらないと伊香間は結論づける。私たちが越えていかなければならない問題が鮮明に見えたと私は思う。

あとで、このとき録音してきた伊香間祐學の話を何度も再生してみる。こんな環境にいたから苦しかったのだと思うと、不覚にも涙がにじんできた。

清沢満之を越えていくことこそ、いまの時代に生きる、私たちの仕事なのだ。彼を本物の親鸞教徒だと信じ、恩恵を受けたと感じれば感じるほど、彼を批判の対象としてしっかりと越えていかなければならない。これこそ、念仏宗の掟だと私は思っている。

エピローグ

　北陸の寺に生まれて七〇年が過ぎた。石川県には県民が誇る勇敢で強い軍隊があったという話を私は聞きながら育った。「念仏師団」といったという。念仏を称えながら人を殺し、殺された。

　原発反対運動の最中に、年配のご門徒が私を見据えて、「あんたは寺のくせに命が惜しいのか。おれたちは鉄砲の弾の下をくぐった」と詰問したのをいまも時々思い出す。

「自分のいのちも、人のいのちも、生き物のいのちもみんな等しく尊いのです。地球は人間だけのものではないから……」と一生懸命に話した話が、その人に届いたとはいまも思わない。私はつい最近まで「寺の人間なのに命が惜しいのか」と問われたその言葉の真意がわからなかった。

　国家に協力して、勇ましく死んでいく覚悟をすることが「信心の証」だと、念仏に託して鼓舞された時代がたしかにあったのだと思う。だから念仏師団は強かった。「信心がないから苦しむんだ。男らしく服従せよ」「国家を批判するのは逆徒だ」と言い放った清沢教学の後継者のひとり、暁烏敏が開いた私の故郷の明治の真宗。

念仏師団の伝説と、石川県の暁烏敏に代表される「戦争協力」の歴史が、私のなかでようやく結びついたのだ。

いまにして思えば、「あんたは寺のくせに命が惜しいのか」というご門徒の私たちへの問いは、「あんたは寺のくせに信心がないのか」という詰問だったのだと思う。

ずっと私のなかに消化されない食べ物のように残りつづけていた言葉の意味がようやく理解できたと思ったのは、ほんとうについ最近のことだった。

近代教学がどんな門徒を育てたのか。私たちを問い詰めた老人は、たしかに近代教学の徒ではない。東本願寺紛争の初期にはむしろ大谷家に近かった父を慕ってくれていたご門徒のひとりだった。

しかし、封建教学の上に接ぎ木した「清沢－暁烏と続いた国家主義」が、念仏師団として私たちの故郷に血色の花を咲かせたという事実があったのだ。念仏師団の担い手たちは、少なくとも「行かねばならなかった戦争」に念仏の教えを重ねて、覚悟を決めて死んでいった。

そこがわからないあいだは、私はご門徒の年寄りの言葉の本当の意味を知ることができなかったのだと思う。

悲惨な歴史をこの故郷につくることに精神的に協力した人たちのひとつの流れは、ほかならぬ私たち大谷派だったという事実だけは、しっかりと娘たちに伝えたいと思う。

いまだに語り草として「念仏師団を誇りに思う」と話すご門徒をつくってしまった先の戦争を悼むことなく、新たな戦争の道に日本は進もうとしている。これからが寺の存在をかけた正念場だと私は思っている。


国が戦争への道をたどる時代は「マイノリティと女性」が生きにくい時代でもある。女は、銃後どころか、ＡＩ（人工知能）戦争の前線に出され、ボタンひとつで人を殺す兵士となる時代がくるかもしれない。政治のさじ加減ひとつで「マイノリティと女性」の位置はいかようにでも変わる。危ない時代になるのではないかと予感するのは私だけではない。仏典のなかの女の位置などを確認できるのは、いまを措《お》いてないかもしれないと思うこともある。いずれにしても、いま女たちと一緒に何ができるかで、教団の未来が決まることは間違いない。

女を救済の埒外《らちがい》に置いて、もともと「絶望的に生きにくかった時代の遺物」を引きずったまま、というよりは「遺跡のゴミ」を引きずったまま、現代にまで持ち込んで、いまにいたってもまだ女を生きにくくする経典が、女たちの「いま」を救うことはない。いまだからこそ……

いまだからこそ……と思う。

昔聞いた『無量寿経』の講義を思い出す。

願文はその時代を映し、増えたり減ったりしてきたという。四十八願という願文の数は、『無量寿経』の歴史のなかではもっとも多い（チベット訳では四十九願）。それは、願わなければ生きられない人々が多い時代を生きてきたということだと思う。さて、これからはどうなのか……。

もしこの『無量寿経』が、ほんとうに経道滅尽《きょうどうめつじん》の法、つまり「経も道もすべて滅びたあとに残る最後の法」として、未来にわたって人を救うということがあるとしたら、願文は時代とともに変化しなければならない。要らない願文を捨て、新しい願文を付け加えて、新しい『無量寿経』を創ることこそ、仏教徒である私たちが弥勒の世まで続けていかなければならない仕事なのだ。そう語ってくれた人があった。その言葉はその人の遺言だと私は思っている。

釈尊が未来の衆生に「王妃イダイケ」を託した真意を考えてみてほしい。その未来の衆生とは、ここで願われている「あなたや私」にほかならない。私たちに釈尊はイダイケを託されたのだ。

釈迦の国インドは、いまヒンドゥー教の国だ。釈迦は、ヴィシュヌ神の化身としてヒンドゥーの九番目の神となり、ヒンドゥーの偉人として、いまはヒンドゥーとともに生きている。

ヒンドゥーのチリなどという問題ではない。分厚いヒンドゥーの地層のなかに埋まってしまって、いまインドに仏教はないに等しい。

そんななかで、本当の仏教がふたたび生まれたのは「不可触民」（アウトカースト）の村からだった。絶望的な差別を超えていくのは仏教しかないと確信したアンベードカルという人が起こした「新仏教」と呼ばれる流れだ。

ヒンドゥーを捨てて仏教に改宗した彼は、『マヌの法典』を何度も数十万人のアウトカースト大衆の目の前で焼き捨てて、実際にインドのヒンドゥー社会を揺さぶったのだ。その流れはいまも着実に広がりつづけている。

ご縁があれば、いずれの日にかもう一度インドに行って、彼らの元を訪ねたいと思っている。

インドのアンベードカルという偉大な先達の「如是我聞」に励まされながら、私たちは私たち自身の力で立ち上がるしかないのだと思う。経典のなかからヒンドゥーのチリを見つけて、そのチリを落としながら、スジャータの実像を探す「私の旅」は、まだしばらくは終わらない。

註

＊1　釈迦《しゃか》族

釈迦はインド（いまのネパール）で生まれた。釈迦族の王子。「ゴータマ・シッダールタ」という名前で知られている。釈迦族はアーリア人でクシャトリヤ（王族）。小国ながら、近隣の大国も一目置く、太陽の王国と呼ばれている由緒ある豊かな国であった。釈迦族はまた、国王を部族間の協議で決めるという共和制をとっていた。

これが通説。しかし、この通説は仏教徒のなかでしか通用しないもののようだ。私も調べはじめてすぐに問題に気がついた。

釈迦の一族には米の名前がつく人が多い。釈迦の父は浄飯王《じょうぼんおう》、叔父でアナンとダイバの父は斛飯王《こくぼんおう》、その他、白飯王《はくぼんおう》、甘露飯王《かんろぼんおう》など（中村元『中村元の仏教入門』春秋社、二〇一四年）。

一族は米づくりを誇りにしていたという事実を知り、ちょっと不思議に思った。アーリアン（アーリア人）は騎馬民族で、米をつくらない。長い時間をかけて土着民の稲作を学びつつ、緩やかに征服している。釈迦族は、アーリアンのなかでもいち早く現地人を上手に使いこなして、米づくりの技術を学び、比較的早くに定住した人たちかもしれないと思いながらも、どこか納得できていなかったのだ。

筆者の友人に、ネパール生まれのネパール育ちで日本語に堪能な人がいる。ヨガの先生としてうちの寺を使っているので、一週間に三回は会っている。あるとき、駄目元でちょっとその「わだかまり」を聞いてみた。答えはほぼ即答だった。

「釈迦（サッキャ）はアーリアンではない。ネワール族だよ」

仏教寺院がそんなことも知らないのかという雰囲気だった。

ネワール族はいまもネパールの人口の五・五％ほどを占めている。カトマンズ盆地に住み、高い文化をもつ。

「サッキャは民族としては『モンゴリアン』で、アーリアンではないよ」

モンゴリアンというところでちょっと口ごもったが、ややあって断定した。彼女の話によると、ゴータマ（牛）という名前はブラーマン、つまりバラモンの名前であるらしい。聖なる牛を苗字にするのだから、バラモンであることは確かだ。しかし、バラモンは王権をもたないのが普通である。

釈迦族は国王を合議で決めるので、そのときに王に選出されたゴータマ家がたまたまバラモンだったのかもしれないと思いつつも、やはり収まりが悪いのだ。アーリアンではないとしたら腑《ふ》に落ちる。しかし一方、釈迦族はまた、アーリアンと同じく混血を著しく嫌い、ヒンドゥー教徒でカースト制度をもっていた。

釈迦族の生活の形態がアーリアンとほぼ同じというのは理解できる。まったく生活形態の違う異民族国家では、アーリアンが席巻する古代のインドで存在を許されるはずはない。では、いったいどう考えればよいだろうか。この混乱に道筋をつけるのは簡単なことではない。

一方、釈迦族の国は誇り高い王国であったことはすでに述べた。しかしそれならば、プライドをもつなりの客観的な理由がなければならない。釈迦族はその誇りがもとで国を滅ぼしたというポピュラーな物語がある。

「隣の大国コーサラの王に、妃になる女性を求められて釈迦族は苦慮する。コーサラは武力で釈迦族を従わせるという野蛮な王国で（釈迦族の国は事実上、コーサラの属国）、行きたがる姫君はだれもいない。そこで釈迦族は卑しい女を娘に仕立てて嫁にやったことが始まりで、コーサラ国と確執が生まれる。やがてその娘とのあいだに生まれた王子が釈迦族にプライドを傷つけられて、長じて釈迦族を滅ぼした」

身分の違う娘を偽って国王に嫁がせるようなことは、アーリアンでは絶対に起こらない。一方、一族の血に対する誇りはアーリアンと同じだが、釈迦族は混血を嫌悪するあまり、部族間での近親結婚を繰り返していた。アーリアンでは無秩序な血族結婚は許されていない。

そんなとき、コーサラ国も釈迦族と同じ流れをくむ一族だという話をどこかで読んだことがあったのを思い出した。コーサラは強大な軍事力をもつ大国だ。共にネワール族だったのだろうか。軍事的にはコーサラが釈迦族を衛《まも》っていたのかもしれない。それらの話を総合して筆者は仮説を立ててみた。

釈迦族はコーサラ国と同じ系列の民族で、ネワール族だった。アーリアンより一足早くインドに侵攻したモンゴロイドで、高い文化をもっていた。肥沃な大地に住み、早い時期に農耕を身につけた。または直接、稲作をインドに持ち込んだ。そんなネワールの国々は、あとで入ってきたアーリアンと対等に渡り合えるだけの力を、そのときすでにもっていたのではないか。

ネワールの国々は、アーリアンと折り合いをつけながら、北インド（いまのネパール）一帯で生きつづけた（ネパールの語源がネワール族のネワールという説もある）。そのなかでも釈迦族は、血統を誇る何がしかの事情のある国だった。たぶんそれは農耕と深くかかわる事柄だったのかもしれない。

そんな釈迦族をヒントにして、逆にアーリアンは、カースト制度などの統治の仕方を時間をかけて練り上げた。

つまり釈迦族の国は、アーリアンのインド侵攻・統治の歴史にも何がしかの深いかかわりがあったのではないか。

筆者はそんなふうに考えてみた。アーリアンの侵攻にも耐えてネワールの国々が残るには、それなりの理由があったはずである。これからの課題としてはとても興味深い。これらは単なる知的興味を超えて、釈迦の悟りや経典の意味をより鮮明にする大切なファクターになりうると筆者は考える。今後、だれかが明らかにしていってもらいたい大切なテーマのひとつだと思う。

釈迦の生年についてだが、生年を特定した文献も存在する。紀元前四六三年ごろとすると、現在は釈迦生誕から二四八〇年ということになる。だいたい二五〇〇年～二六〇〇年というのが正しいのではないかと思われる。承知のうえで、本稿では大ざっぱに釈迦生誕から三〇〇〇年とした。

＊2　チュンダ

釈迦の死の直接の原因をつくった「チュンダ」という人物がいる。釈迦は彼から施された食べ物を食べて亡くなった。その人は「実はチャンダーラだったのではないか」という話はかなり広く存在している。釈迦に食べ物を与えた重要な人物とされる二人、「スジャータ」「チュンダ」がともにチャンダーラだったということは、仏教を考える意味で、たいへん象徴的で大切なことだと思う。

私は前から、このチュンダという名前は個人名ではなくて階級名ではないかと思っている。ネパール生まれでネパール育ちの日本語に堪能な友人（＊1参照）に聞いたことがあった。ネパールのあたりに、「チュンダ」という発音にきわめて近い、屎尿《しにょう》処理をしているアウトカーストの人たちがいるという。その屎尿のなかの細菌に釈迦は感染したのではないか。インドに行った人はだれでも知っている、腸チフスに似た病原菌による感染症だが、体力が弱っている人、ほとんど初めてその菌に遭遇する人が発病する。とくにインドでは、同じものを食べても発病しない人も多い。高齢な釈迦が感染して発病したのではないかと考えてみた。

しかしチュンダは、釈迦の最後の食べ物を与える栄誉に恵まれた青年として、スジャータと同じように厚い伝説のベールに包まれていて、なかなか実態がつかめない。彼は「鍛冶《かじ》屋のチュンダ」という名前で、いろいろな仏伝に登場する。インドでは「鍛冶屋」の身分は中程度で、低いカーストではない。食器・水瓶《みずがめ》など、食べ物にかかわる器具を広くつくっている。彼は鍛冶屋であるかぎり、アウトカーストではない。その「鍛冶屋のチュンダ」と呼ばれた人物の職業を覆すに足りる情報を、筆者はいまのところ手に入れていない。今後の研究を待ちたいと思う。

＊3　釈迦の最初の説法

釈迦の最初の説法の内容は確定したものがない。つまり、はっきりわかっていない。いちばん多いのが、人間は悩み苦しみからどうしたら解放されるのかという体系的な話「四諦八正道《したいはっしょうどう》」が説かれたとする説。しかし、この四諦八正道は、仏教の古典的な経典のなかに共通して出てくる話を中心にして、いちばん多い話を拾い集めた結果にすぎないという解説もある。

次が、生あるものは必ず滅びる、つまり「諸行無常」につながる説。その他、いろいろの説がある。初転法輪《しょてんぽうりん》のその場所で、初めて聞いた釈迦の話で悟りを得たというコンダンニャの叫びも、実は諸説ある。「コンダンニャが悟りました」と自分で叫んだという説から、釈迦が「コンダンニャが悟ったぞ」と叫んだという説。それらの叫び声と、実際説かれたという内容を結びつけた説。

さて、どれが正しいのかは、おそらくだれもわからない。仏教は釈迦が説いた話の記録としてではなく、聞いた人の口伝によって広がったが、そのあいまいさには、そんな宿命的な原因があるといわれている。それらからはっきりするのは、釈迦の悟りの質である。それはヒンドゥーの「梵我一如《ぼんがいちにょ》」や「解脱《げだつ》」などという精神の混濁から生まれる神秘的なイメージとしての解放ではなく、筋道のしっかりした「法」を聞いて感動とともに「納得する」という内容をもっていた。

このことは、仏教を知るうえでもっとも大切なことのひとつだと私は思っている。そのなかで「生あるものはすべて滅びる（死する）」という仏教の基本的な概念が説かれたとする説を採った。

*4　ヒンドゥー教

紀元前五世紀ごろとされる釈迦の生きた時代はヒンドゥー教の時代ではなく、その前身のバラモン教の時代だが、釈迦の事跡を記した経典（たとえば『涅槃経《ねはんぎょう》』）のできあがった推定年代が紀元三〜四世紀であるため、使い分ける煩雑さを避けて、ぜんぶをヒンドゥー教とした。

*5　アーリア人の侵攻

本稿は、紀元前一五〇〇年ごろからガンジス河を東進してきたアーリア人のグループがインド全体をゆるやかに征服していったという平均的な説をとった。

遺跡などから見ると、アーリア人が北西インドにその痕跡を残したのは紀元前九〇〇〇年にまでさかのぼり、北西インドがアーリア人の発祥の地のひとつという、ちょっと極端な説まであり、発祥年代だけをとっても特定することが困難なほどに、諸説入り乱れているのが現状である。

*6　ヒンドゥーの死生観

梵《ぼん》（ブラフマン＝宇宙を支配する原理）と我（アートマン＝個人を支配する原理）が一体になることを梵我《ぼんが》一如《いちにょ》といい、それを現世の修行で成就すれば永遠の至福に到達とするという思想がその根底にある。

カースト制度を構成する四つのカースト（四姓）のうち、インド大陸の征服者、アーリアン（バラモン＝司祭、クシャトリヤ＝王族、バイシャ＝商人）で構成される上の三カーストだけが再生族と呼ばれていて、アートマンをもち、死を迎えた肉体から抜け出して、これから生まれようとする胎児の心臓に宿り、梵我一如を現世で達成するまで何度でも生まれ変わる。梵我一如を達成した暁には、アートマンとブラフマンはシンクロしながら永遠の至福を得て、「ヒンドゥー双六」は「解脱《げだつ》・あがり」を迎える。ゆえに人は死ぬことがない。

しかし現世の掟《おきて》を破ると、生まれ変わった先では悲惨な来世が待っていることになり、解脱はまた遠のいて、現世よりもっと悲惨な来世の生活を強いられる。したがって、ヒンドゥーの現世の掟は厳格に守られていくことになる。

被征服者の先住民で構成される非アーリアン（シュードラ）は一生族と規定されているため、約束された来世は保証されず、何の救いもなく、ただ死んでしまう。掟を破ったアーリアンも、その罪状によって、「浄《きよ》め」という名で死ぬことを強要されるか、四姓にも入れない最下層のアウトカーストに落とされてしまう。もちろん、アウトカーストにも約束されている来世などない。したがって、非アーリアンともども、救いのない無残な死を迎えさせられてしまう。

特筆すべきは、アーリアンであっても「女」は再生族となるさまざまな儀式から除外されていて、再生族とはみなされていないことだ。

＊7　ヒンドゥーの贖罪《しょくざい》

贖罪のニュアンスは、「償い」というよりは「浄《きよ》め」という意味合いのほうが強い。穢《けが》れてしまう行為をして、その穢れで付近に迷惑をかけないために、「浄め」の行を行ない、除染して地域共同体に戻ることができる。罪の種類によっては、「浄め」が不能のものや、村から出されてしまうもの、別のカーストに落ちて帰ってこられなくなるものもある。また、死罪に相当する罪状の穢れに対しては修行も過酷で、生きて帰れないものも多い。

＊8　ジャッジ

ヴェーダが規定する生活規範からの逸脱に対してジャッジの根拠を提示するのは、ヴェーダに精通したバラモンだが、刑事罰的要素の強いものは行政府たる城で処罰されることが多いという。しかし、生活習慣に属するものは、村の中のバラモンがそのすべてを握っていたと思われる記述もある。また、バラモン自身の罪は王に報告する義務はない。自分の責任でヴェーダに従ってすべてきちんと解決しなければならない。

＊9　アンベードカル

ビームラーオ＝アンベードカル（一八九一年〜一九五六年）は、インドの中西部の、「不可触民」（アウトカースト）の村で生まれ、苦学の末にコロンビア大学とロンドン大学で博士号および弁護士資格を得る。絶望的な差別を超えていくなかで、ヒンドゥーを捨てて仏教徒となる。彼が提唱した仏教は「新仏教」と呼ばれている。

一九二〇年代後半から「不可触民」に対する差別に反対する運動が政治問題化したが、アンベードカルはその指導者。

「あのマハトマ・ガンジーとは旧知の仲。しかし、あくまでもヒンドゥー教徒としてカースト制度を否定しないガンジーとは袂《たもと》を分かつ」

これが通説となっているが、アンベードカルの才能と学識を認めているというガンジーに対して、アンベードカルにとってのガンジーはむしろ政敵で、最後まで許すことがなかったのが現実だった。

「不可触民」出身のアンベードカルの根源的な「平等の願い」と、「インド民族の団結によってインド人によるインド人のためのインド人の独立国家をめざす」ことを優先するガンジーの立場とは、もともと水と油だったのだ。ガンジーの「暗殺死」に際してアンベードカルが語った以下の言葉が、それぞれの「引き下がれない願いの違い」からくる対立の根深さを物語っている。

「わたしの真の敵は去った。ありがたいことに日蝕は終わった」(山崎元一『インド社会と新仏教』刀水書房、一九七九年)

インド独立後は法相となり、インド共和国憲法起草委員会委員長としてインド憲法の原案作成を手がける。彼が起草したインド憲法は、一九五〇年に施行された。

＊10　五障三従《ごしょうさんしょう》

釈迦没後、大乗の経典に登場した考えで、ヒンドゥー教の影響。女が成仏するのに「五つの障り」があって、女は「梵天王《ぼんてんのう》、帝釈天《たいしゃくてん》、魔王、転輪聖王《てんりんじょうおう》、仏陀」にはなれないとする。三従は「幼児期は父親に、嫁しては夫に、老いては長男に従う」という女の姿。いずれも、独立者としては悟れない、いや、「独立者としては生きられない」というときに、慣用句のように使われた。ヒンドゥー教の基本的な考え方で、釈迦の教えには遠い。

＊11　『涅槃経《ねはんぎょう》』と大乗仏教

『涅槃経』は『大般《だいはつ》涅槃経』というのが正式名称で、同じ名前の経典が二種類ある。

ひとつめは、釈迦の臨終の様子を克明に記録したとされるお経で、『原始経典』（阿含《あごん》部経典＝阿含経）と呼ばれている古い経典のなかに含まれている。

もうひとつは、それよりのちに成立した、『大般涅槃経』という同じ名前の大乗の経典が存在する。原始経典と異なるところは、釈迦の臨終を語ってはいるが、本題は臨終ではなくて、臨終（釈迦の死）を題材として、仏とはどういうものか、どんな信をもっているかなど、釈迦の肉体が滅びても永久に残るものは何かをあくまでもはっきりさせていくという内容をもっている点だ。結果的には、たとえば経典を読んでいる私自身が、読みながら自分というものを分析させられつつ、釈迦の教えに入り込んでいくという仕掛けになっていて、読んでいて、とてもおもしろい。

大乗仏教と小乗仏教（上座部仏教）はどう違うのか。釈迦の言葉を忠実に再現し、釈迦の生きた時代のやり方で釈迦のように悟りを得ていくことを願うのが小乗仏教（上座部仏教）である。それに対して、自身の悟りばかりでなく、すべての人々とともに救済されていくことを願うところから大乗仏教が成立し、仏教教団内部で対立が生まれ、分かれていった。現在は、大小のたとえは問題があるということで、小乗仏教を「上座部仏教」と呼ぶことに統一されている。もともと、自身の悟りにこだわる小乗仏教は、教団の上座にいた古老たちの主張であったことから「上座部仏教」といわれるようになったという。

大乗の成立はだいたい紀元後一世紀といわれ、そのころには大乗の初期経典が成立している。釈迦の死後五〇〇年、六〇〇年という時代につくられた経典だから、釈迦からの直接の口伝ではないことはいうまでもない。

また、そのころは、まさしく『マヌの法典』が「巷《ちまた》に伝わる生活の規範」をまとめて成文化されたとされる時代でもある。『涅槃経』を物語として成立させた優れた経典作家が存在したことは間違いないが、同時に彼らは、『マヌの法典』がまさに生きて働く時代のただなかで経典を制作したという事実も忘れてはならない。ちなみに日本の仏教のすべてが大乗仏教である。そんな観点からみると、『涅槃経』の女性観が『マヌの法典』そのものであることを理解することは容易である。

＊12　『増一阿含経《ぞういちあごんきょう》』

『阿含経』は初期仏教の経典群。伝承された釈尊の教説を集めたもの。ただし、すべてが直接、釈迦の時代のものかどうかは確かではない。とくに『増一阿含経』は、その内容からかなり後世の編集ではないかといわれている。

＊13　七高僧

親鸞《しんらん》が選定した、浄土教を明らかにし伝えてきた、七人の高僧。

○第一祖　龍樹《りゅうじゅ》（二五〇年ごろ）

南インド出身。大乗仏教の祖（八宗の祖）といわれている。「空《くう》」の思想を大成。阿弥陀仏《あみだぶつ》の本願による救済（易行道《いぎょうどう》）を説いた。浄土教でも祖と定めている。著書に『十住毘婆沙論《じゅうじゅうびばしゃろん》』。

○第二祖　世親《せしん》・天親《てんじん》（四〇〇年ごろ）

ガンダーラ（現パキスタン）出身。世親とも天親ともいう。小乗仏教の論客から大乗仏教に転向。龍樹の「空」の教えに応答して『浄土論』（往生論）を展開。浄土往生への願いとその方法について説いた。人間の意識の構造を分解して悟りにいたる道筋を明らかにした「唯識《ゆいしき》」の大成者。著書に『浄土論』『唯識二十論』『唯識三十頌《じゅ》』。

○第三祖　曇鸞《どんらん》（四七六年～五四二年）

龍門《りゅうもん》・雲崗《うんこう》の石窟《せっくつ》寺院隆盛のころ、山岳信仰の中心地であった五台山で出家。天才的学僧。途中、道教《どうきょう》に傾倒。陶弘景《とうこうけい》に師事し、仙人として不老長寿の技を授かり免許皆伝。鼻高々のところ、菩提流《ぼだいる》支《し》（三蔵）から「生まれたものは病み、そして死ぬるもの。いかにして頂いたその命を生きるのかが仏法」と諭されて浄土教に帰依した。中国の玄中寺（玄忠寺）がいまも曇鸞建立の寺として有名。浄土真宗を開いた親鸞は天親の「親」と曇鸞の「鸞」をとって「親鸞」と名告《なの》ったことで知られている。著書に『浄土論註《じょうどろんちゅう》』（天親の『浄土論』の注釈書）。

○第四祖　道綽《どうしゃく》（五六二年～六四五年）

曇鸞の死から二〇年後に生まれる。玄忠寺で曇鸞の書いた碑文を読み、浄土教に帰依。仏教が激しい弾圧に会い、おびただしい数の僧が殺された時代に生きる。正法《しょうぼう》・像法《ぞうぼう》・末法《まっぽう》という仏教の歴史観を確立。著書に『安楽集《あんらくしゅう》』。

○第五祖　善導《ぜんどう》（六一三年～六八一年）

道綽禅師の弟子。『観無量寿経《かんむりょうじゅきょう》』の注釈書を著し、そのなかでとくに「二河白道《にがびゃくどう》」のたとえが有名。

日本の浄土教系の宗祖の思想的支柱。浄土真宗では蓮如《れんにょ》が強い影響を受けている。著書に『観経四帖疏《かんぎょうしじょうしょ》』。

○第六祖　源信《げんしん》（九四二年〜一〇一七年）

一〇代で得度《とくど》・受戒し、学才を発揮。のちに比叡山《ひえいざん》の横川《よかわ》、恵心院に居住したので「恵心僧都《えしんそうず》」とも呼ぶ。日本の浄土教の流れがこの人でまとまり、のちの法然《ほうねん》への道筋がここに生まれる。著書に『往生要集《おうじょうようしゅう》』。

○第七祖　源空《げんくう》（一一三三年〜一二一二年）

「法然《ほうねん》」として知られている。岡山県の生まれ。九歳で父が眼前で殺され、争いを避けるため出家させられる。一八歳のとき、法然房と号した。恵心僧都の『往生要集』、善導大師の『観経疏』とさかのぼり、浄土教を大成させる。京都吉水《よしみず》の草庵で多くの門弟を育てる。浄土真宗の宗祖・親鸞も比叡山《ひえいざん》を下山し、吉水教団で法然の門弟となり、里に足場を得る。主書に『選択本願念仏集《せんじゃくほんがんねんぶつしゅう》』。

○親鸞《しんらん》（一一七三年〜一二六二年）

七高僧を定めた鎌倉時代の僧。浄土真宗の宗祖。幼時に母を失い、九歳で出家。一一八一年、青蓮院《しょうれんいん》で得度《とくど》。比叡山《ひえいざん》で二〇年間修行したあと、京都の六角堂に一〇〇日の参籠を経、聖徳太子の夢告を得て、一二〇一年、吉水《よしみず》の法然《ほうねん》の門を叩《たた》き、門弟となる。ここで浄土教の教えを受けた。

しかし、比叡山や興福寺の讒訴《ざんそ》でたびたびの法難の末、一二〇七年、朝廷から専修《せんじゅ》念仏の停止令が出され、兄弟子四人が死罪、法然はじめ親鸞を含む多数の門弟が流罪になった。法然は讃岐《さぬき》に、親鸞は越後《えちご》に流罪。これを機に親鸞は「愚禿釈親鸞《ぐとくしゃくしんらん》」と名告《なの》り、非僧非俗《ひそうひぞく》の立場を打ち立てる。

このころ、三善為教《みよしためのり》の娘・恵信尼《えしんに》と結婚、男女六人の子女をもうける。一二一四年、四二歳のころ、妻子とともに越後から関東に行き、常陸《ひたち》（茨城県）の稲田《いなだ》の草庵を中心として布教。職業、身分、男女、老若を問わず、等しく凡夫として救われていく本願念仏の教えを説き、多くの念仏者を育てた。またこのころ、『教行信証《きょうぎょうしんしょう》』の草稿を書く。

一二三五年、親鸞聖人六三歳のころ、関東二〇年の布教に終止符を打ち、妻を残して京都に帰る（諸説あり）。『教行信証』の完成が目的との説が有力。主に五条西洞院《にしのとういん》などの諸処に住む（諸説あり）。京都では晩年まで関東から訪ねてくる門弟たちの信仰上の疑問に答え、また、たくさんの書簡で他力念仏の質問に答えた。生涯にわたって『教行信証』を加筆し、「和讃」など数多くの著述を著す。

弘長《こうちょう》二年一一月二八日（新暦一二六三年一月一六日）、親鸞聖人は三条富小路《さんじょうとみのこうじ》にある弟・尋有《じんゆう》の「善法院」で一生を終えた。九〇歳。

著作に『顕浄土真実教行証文類《けんじょうどしんじつきょうぎょうしょうもんるい》』（略名『教行信証』）『三帖和讃』。

＊14 下品下生《げぼんげしょう》

釈尊は、自ら精神統一をすることから始める一三の阿弥陀《あみだ》の浄土を観せ、次に精神を統一できない者が修する九つの行（上品上生から下品下生まで）をイダイケに説く。イダイケは、そのなかから仏の名のみを称えるだけで成就する「下の下」の凡夫《ぼんぶ》の行としての念仏を、「これしかなかった」と感動とともに自ら選んで、一人の凡夫として浄土に往生していく。

＊15　アショカ

紀元前二六八年〜紀元前二三二年、マウリア王朝三代目の王。インドの最初の統一者。マガダ国の末裔《まつえい》。釈迦滅後一〇〇年から二〇〇年後に在世。仏教を手篤く守護した。戦いに継ぐ戦いで、たくさんの生類を滅したことを悔やみ、仏法に帰依する。仏舎利《ぶっしゃり》塔を各地につくり、第三回の経典の結集《けつじゅう》を行なったという。また、仏教以外の宗教も保護したことでも知られている。

＊16　アジャセが剣を捨てる経緯

このくだりにはいくつかの解釈がある。一応目を通してみたが、ヒンドゥー社会の状況を考察するべき基本的な知識が欠如しているためか、どれも説得力に乏しい。

筆者から見て、主な争点は三つ。

①二人の大臣が按《おさ》えた剣は大臣たち自身の剣か、アジャセの剣か。
②後ろずさりに退いたのは二人の大臣か、アジャセか。
③出ていくのは二人の大臣か、アジャセか。

漢文の経典を読むかぎりは、三件ともどちらとも取れる。

①『王舎城の人々の物語』の作者・比後孝《ひごたかし》の説——古来より、王の御前に家臣が剣を差したまま対峙《たいじ》するなどという場面を、日本人は想像することなどありえなかったのではないか。つまり、この場面では剣は王のもの一本だけ。按えられる剣は王のもの以外には考えもつかなかったということを前提にして、ストーリーができあがったということになる。

しかし、大臣は文武両道に長《た》けた人がなると『マヌの法典』では定まっている。武の達人を求めていることから、大臣は城の中でも刀を差していてもおかしくない。

私は、「按える」という字をあえて使っていることに、ちょっとこだわりたいと思う。剣は一本で、母を殺そうと振り回すアジャセ王の剣を、大臣が二人がかりで素手で抑えるとしたら、「按える」は使わない。

身分差を考えると、いきり立っている王の剣を素手で抑える派手なアクションは違和感がある。ガッコウの「是梅陀羅《ぜセンダラ》」の一言で、王自らが剣を捨てる。大臣が、母を殺せばそれから続く事態をアジャセに予見させるだけで十分だ。剣は大臣の手元で「扱ってみせる」、つまり「按える」が相当ということだ。

「是梅陀羅」の意味合いを確定させることでこそ見えてくる状況がある。大きなアクションはなく、アジャセが自ら剣を捨てるほうが、はるかに実際を反映していると筆者は考える。

②「退いたのはどっちか」だが、アジャセは呆然《ぼうぜん》として、刀を捨てて動かない。様子を見届けながら、大臣たちは刀に手をかけ、じりじりと後ろに下がっていく。その後ろには何人かの兵や家臣が身構えている。そんな姿がもっとも説得力があると筆者は考えている。

③最後に「出ていくのはどっちか」。つまり「私どもはここにはおれません。失礼します」なのか、「あなたはここにいることはできません。城を出ていってください」なのか。これはアジャセに「出ていってください」以外にはない。

「是梅陀羅」の意味合いがはっきりしてこその結論だと思う。

＊17　橘了法《たちばなりょうほう》

武内了温《たけうちりょうおん》を源流とする大谷派の反差別運動の草分けの一人。朝野温知《あさのよしとも》という朝鮮人の朋友をもつ。武内了温から「了」をもらって橘了法、「温」をもらって朝野温知と、二人で師の法名を一字ずつ分け合う。

朝野温知は、改名前は李壽龍《イスリョン》。当時の大韓帝国生まれ（一九〇六年）。一八歳で渡日。「京城日報」を経て東本願寺社会課長・武内了温と出会う。アナキズム・水平社運動を経て、親鸞に傾倒。橘了法は大谷大学専門部で一九二八年に朝野と出会う。朝野は一九四〇年、創氏改名で李壽龍を朝野温知と改める。

＊18　王舎城《おうしゃじょう》

古代インド、マガダ国の首都。ガンジス川の中流に位置する。「王舎城の悲劇」が起きたことで有名だが、単に城の名ではなくて、当時は都の名前。現在、『観無量寿経《かんむりょうじゅきょう》』に出てくる牢獄《ろうごく》が残っている。ラージギルという名で呼ばれていて、近くに温泉がある。釈迦が説法した霊鷲山《りょうじゅせん》もすぐ近くにあり、インドでは屈指の観光地となっている。

＊19　五劫《ごこう》

一辺が四〇里の岩を三年に一度（一〇〇年に一度という説もある）、天女が舞い降りて羽衣でなでて、岩がすり減って完全になくなるまでの時間を一劫という（『大智度論《だいちどろん》』）。これは、ヒンドゥー教の循環宇宙論では、ひとつの宇宙が誕生して消滅するまでの期間、ブラフマン（仏教では梵天《ぼんてん》）の一日（半日）。五劫とはその五倍の時間。

＊20　節談説教《ふしだんせっきょう》

講談や落語などの日本の伝統話芸の元となったといわれている話芸説教。むずかしい教義を物語に仕立てて、噺家《はなしか》のように高座に上って物語る。伝統芸能と同じく、いくつかの流儀があった。流儀はそれぞれ節が少しずつ違い、美声と節のよさを競い合った。話し手は「説教師」と呼ばれ、それぞれが師匠に師事し、内弟子や外弟子として修行して、一人前になっていった。話の内容は師匠からの口伝が多く、アレンジしながら説教師自らが持ちネタを蓄えていった。

娯楽のない時代に寺の本堂で語られる説教は唯一の娯楽であった。説教師の話に涙を流しながら、お腹の底から笑いながら、仏教に親しみ、仏教的な教養を身につけていった。

伝統は古く、仏教伝来のときからすでに始まっていたという説もある。天台宗をはじめ各宗にその伝統はあるが、とくに真宗で栄えた。

真宗では、清沢満之《きよざわまんし》以来の近代教学が教団の主流になるにつれて、古い伝統の語り口だけでは教義を伝えることがむずかしくなったという現実が生まれたが、実はそればかりではなく、内容が江戸時代の価値観に終始する素材が多く、教団から禁止令が出されたため、戦後急速に衰退した。しかし、ひそかにその伝統が伝えられていて、筆者のいる「能登節《のとぶし》」の川岸不退や広陵兼純、それに祖父江省念が伝えた「尾張節《おわりぶし》」など、細々と現在も続いている。

民衆の心としっかりつながった節談説教がなくなるのと機を同じくして、寺の本堂から参詣者が消えていった。単純に禁止するよりも、だれかがシナリオをつくり直す作業をするべきだったと、筆者は布教の現場にいる一人として残念でならない。筆者の最後の仕事として取り組んでみたいとさえ思うときがある。

参考文献

伊香間祐學『「精神主義」を問い直す――近代教学は社会の問題にどう答えたか』北陸聞法道場、一九九二年
マックス・ウェーバー著／深沢宏訳『ヒンドゥー教と仏教』日貿出版社、一九八三年
梶原敬一講述『第三十五願は人間回復の願――「与韋提等獲三忍」をとおして』真宗大谷派坊守会連盟、二〇一四年
教学研究所編『現代の聖典――観無量寿経序分』第三版、真宗大谷派宗務所出版部、一九九九年
教学研究所編『現代の聖典　学習の手引き』真宗大谷派宗務所出版部、一九九九年
浄土真宗教学研究所編『顕浄土真実教行証文類―現代語版―』本願寺出版社、二〇〇〇年
真宗聖典編纂委員会編『真宗聖典』東本願寺出版部、一九七八年
田上太秀『ブッダ臨終の説法――完訳 大般涅槃経』1・2、大蔵出版、一九九六年
田上太秀『「涅槃経」を読む――ブッダ臨終の説法』講談社学術文庫、二〇〇四年
田辺繁子訳『マヌの法典』岩波文庫、一九五三年
堤玄立『浄土三部経』法蔵館、一九八三年
徳富健次郎著・中野好夫編『謀叛論』岩波文庫、一九七六年
中村元『中村元選集』第一一巻「ゴータマ・ブッダ一原始仏教一」春秋社、一九九二年
中村元『中村元の仏教入門』春秋社、二〇一四年
中村文雄『大逆事件と知識人――無罪の構図』論創社、二〇〇九年
野間宏・沖浦和光『アジアの聖と賤――被差別民の歴史と文化』人文書院、一九八三年
早島鏡正・高崎直道・原実・前田専学『インド思想史』東京大学出版会、一九八二年
比後孝『王舎城の人々の物語』自費出版
真継伸彦編訳『親鸞書簡集』徳間書店、一九七八年
山崎元一『インド社会と新仏教――アンベードカルの人と思想』刀水書房、一九七九年
『浄土三部経（現代語訳）』東本願寺
『ヒンドゥー教の本――インド神話が語る宇宙的覚醒への道』学習研究社、一九九五年

補論

「王舎城の悲劇」は、なぜ起きたのか?

伊勢谷 功

「王舎城の悲劇」の基礎知識

法然房《ほうねんぼう》・源空上人《げんくうしょうにん》が京都・吉水《よしみず》の地で、浄土教の念佛《ねんぶつ》教団を開かれたのは、一二世紀半《なか》ばごろの平安時代末期、いまからおよそ八五〇年前のことでありました。

おびただしい佛教経典のうち、法然上人が、日本浄土教を確立されるにあたってよりどころとされた根本の経典は、『佛説《ぶっせつ》無《む》量《りょう》寿経《じゅきょう》』『佛説観《かん》無量寿経』『佛説阿弥陀《あみだ》経』の三部の経典(浄土三部経)でありました。

このうちの二番目の経典、『観無量寿経』の冒頭部分(序分《じょぶん》)には、この経典が説かれるきっかけとなった、「王舎城《おうしゃじょう》の悲劇」といわれる、次のような出来事が語られています。

『観無量寿経』〈序分〉にみる「王舎城の悲劇」

釈尊《しゃくそん》が、あるとき、マガダ国の首都・王舎城の「耆闍崛山《ぎしゃくっせん》」で説法をされているときに、その王舎城の王宮の中で、大きな事件が起きました。

この国の王子**阿闍世**《あじゃせ》が、悪友**提婆達多**《だいばだった》にそそのかされて、父である**頻婆娑羅**《びんばしゃら》王を牢獄《ろうごく》に幽閉し、王位を奪ってしまったのです。

王の妃《きさき》であり、王子阿闍世の母である王妃**韋提希**《いだいけ》は、ひそかに食べ物を運びますが、やがてそのことが阿闍世に露見してしまい、逆上した王子は、母である王妃を手討ちにしようとします。

しかし、側近の者たちがこれを制止し、諫《いさ》めたことによって、どうにか母親を殺害することを思いとどまった阿闍世は、母を別の牢獄に閉じ込めてしまいます。

監禁された王妃韋提希は、わが子の逆悪を嘆き、王の身を案じ、悲嘆にくれて、釈尊に救いを求めます。

以上が『観無量寿経』の〈序分〉に記された「王舎城の悲劇」のあらましです。

こうして、釈尊が王宮の牢獄に出現され、監禁されている王妃韋提希の求めに応じて説かれた教えが『観無量寿経』なのです。

ですから、この『観無量寿経』という経典は、世俗の生活を捨てて釈尊のもとで出家した弟子たちに説かれた教えではなく、悩み多い世俗の日常に終始する、われわれ凡夫《ぼんぷ》が救われる道を説かれた教えであるということです。

この経典に説かれているように、王妃韋提希は、釋尊の教えによって、救いを求めることができました。しかし、幽閉され、やがて自殺に追い込まれた頻婆娑羅王や、父を死に至らしめた王子阿闍世、そして、事件の張本人である悪友提婆達多、これらの人々が、この事件以後、どのように救われていったかについては、『觀無量寿経』にはいっさい語られてはいません。

また、悪友提婆達多は、王子阿闍世に、いったいなにを吹き込んだのか？

父頻婆娑羅王を死に追いやった阿闍世は、やがてどんなきっかけで、自分が間違っていたと気づき、立ち直れないほどの後悔をするにいたるのか？

これらはすべて、『觀無量寿経』以外の、別の経典によらねばなりません。そして、多くの経典には、それぞれ異なった記述があって、それらから明確な結論を導き出すことは容易ではありません。

しかし、その真相に迫る営みとして、二、三の疑問点をあげて、「佛教にもとづいた」考察を試みたいと思います。

テキスト『現代の聖典』が記述する事件の概要

頻婆娑羅王に食べ物を運んで、牢獄に幽閉された韋提希の求めに応えて、牢獄に出現された釋尊に、王妃韋提希は、次のように訴えます。

「釋尊、私は前世にどんな罪を犯《おか》した報《むく》いで、このような息子を産んでしまったのでしょうか？」

この、韋提希の言葉は、この世で出遭《であ》う人間の幸不幸《こうふこう》は、前世の行ない（宿業《しゅくごう》）の善《よ》し悪《あ》しによる「報《むく》い」であるという、当時のバラモン教の教えによるものです。

これは、当時のインド社会では、古くから広く信じられていた考え方のひとつで、現代日本社会にも現に存在する考え方です。しかし、これを釋尊は「宿作因説《しゅくさいんせつ》」（自分の身に起きるすべての結果は、前世での行ないの報いである）という外道《げどう》（真実に背《そむ》く、人間の欲望によってつくられた宗教）の教えであると、厳《きび》しくいましめられました。

ところで、牢獄に出現された釋尊に対する、王妃韋提希の訴えの言葉は、悲しみのあまりすっかり取り乱した、「無自覚この上ない愚痴」であると受け取られたりもしますが、当の王妃韋提希にとっては、じつは、「まったく身に覚えのない災難に遭った」という訴えでもあったのです。

事件の発端について、『観無量寿経』には、「悪友提婆達多の教えにそそのかされて」とだけ記されていますが、私たちが耳にしてきた、その「提婆達多の教え」の内容については、真宗大谷派の本山《ほんざん》・東本願寺が、布教活動のテキストとして出版している『現代の聖典』に、詳しい記述がありますので、次に、必要箇所だけを抜粋したものを紹介します。

マガダ国の王であった頻婆娑羅は熱心な信者で、夫人の韋提希と共によくみ教《おし》えを聞いていていました。

ところで、この二人には久しく子どもがなく、頻婆娑羅はほうぼうの神々に祈願していまし

たが、なかなか世継ぎを授《さず》かりません。あるとき占師《うらないし》を呼び寄せて尋《たず》ねてみると、

「近くの山に住んでいる仙人が三年先に死んで、あなたの子となって、生まれてくるでしょう。」

と予言しました。家来に調べさせてみると、それらしい仙人がいることがわかりました。歳の若くない王は、占師の予言した三年の月日が待てません。そこで王は使いを出し、仙人にわけを話して、すぐに死んでくれないかと頼みました。仙人は、

「いくら王さまの仰せでも、それはできません。三年後に寿命がきたら死ぬことにしましょう。」

と断りました。使いが城に帰ってこのことを頻婆娑羅王に伝えると、王は、

「わたしはこの国の王だ。国中のすべてのものは王のものだ。その国王であるわたしが頭を下げて頼んでいるのに、その懇願を聞き入れぬとは何事だ。」

と怒りました。そして、その使いに向かって、

「よいか、もう一度行って頼んで来い。それでも断るようなら、かまわぬから殺してしまえ。そうすればわが子となって生まれてくるだろう。」

と命じました。使いはふたたび仙人のところへ行って王の言葉を伝えました。しかし仙人はやはり聞き入れません。しかたなく使いの者は王の言いつけどおり仙人を殺してしまいます。

（中略）

まさにその日の夜、韋提希夫人は身ごもりました。この知らせに喜んだ王は、夜明けにさっそく占師を呼び、お腹の子の将来を占《うらな》わせました。占師は、
「男の子がお生まれになり、立派な世継ぎとなられます。ただし、成長の後《のち》には王に危害を加えることでしょう。」
と言いました。（中略）そこで夫人に、出産のときに子どもをこっそり高殿《たかどの》から産み落としてはどうか（中略）と、もちかけました。（中略）しかし、生み落とされた子どもは、指を一本けがしただけでたすかったのです。（中略）
やがて、阿闍世は立派な太子に成長し、父頻婆娑羅王から、いくらかの領地を任《まか》されるようにもなりました。
この阿闍世に提婆達多という野心家が近づいてきました。提婆《だいば》は釋尊のいとこで、自分からすすんで出家し、釋尊の弟子になったのですが、釋尊から厳しく批判されたことなどに怨《うら》みを懐《いだ》き、釋尊を殺して、教団の指導者の地位を自らのものにしたいと望んでいました。（中略）
「じつは、釋尊はもう老齢で教団を指導するにはふさわしくありません。だからわたしが釋尊にとってかわって教団を統理する佛陀《ぶっだ》となりましょう。あなたも歳をとった父王を倒《たお》して新しい王になるべきです。新しい佛陀と新しい王とが協力して世《よ》を治《おさ》めていきましょう。」（中略）
そこで提婆は自《みずか》らの野望を遂《と》げるために、阿闍世の知らなかった出生の秘密を暴露《ばくろ》してしまったのです。

「あなたの父は仙人殺しの無道者です。あなたさえも一度は殺してしまおうとしたのです。あなたの指が一本折れていることが、何よりの証拠です。」

阿闍世は、これを雨行《うぎょう》という大臣に確かめました。雨行もやはり同じことを言うので、ついに提婆の言葉を信じてしまいました。そして、とうとう提婆のはかりごとにのって、父王を倒す決心をしたのです。

このようにして、王舎城の悲劇が起こります。

（東本願寺刊『現代の聖典』「『王舎城の悲劇』の物語」七八頁〜八三頁）

大きなスペースを割いて東本願寺刊行のテキスト『現代の聖典』を引用しましたが、この記述全体から読みとることができることは、

「悪友提婆達多は自身の野望を実現するために、王子阿闍世に、彼の出生の秘密を暴露して父頻婆娑羅王に対する憎悪を懐かせ、父王を亡き者にして、早く王位に就くようにそそのかした。そして、王子は、実際に自分の右手の小指が欠如している理由を聞かされて、提婆達多の因縁ばなしを、すっかり信じてしまった。」

ということです。

しかし、ここに、まず問題があります。

佛教は「神だのみ」「占い」「輪廻転生」を否定する

テキスト『現代の聖典』の記述によれば、頻婆娑羅王夫妻は釋尊の「熱心な信者」であったといいます。しかし、子どもができないからと、「ほうぼうの神々に祈願し」、「占師を呼び寄せ」、「仙人が子となって生まれてくる」などという占師の言葉を信じ、ついには仙人を殺害してしまうという、こういう人間を、釋尊の「熱心な信者」であるといって憚《はばか》ることのない、このテキスト『現代の聖典』の筋書きの、どこに「佛教の教え」を読みとることができるのでしょうか?

むしろ、釋尊の「熱心な信者」であった頻婆娑羅王の信心に「神だのみ」や「占い」や「輪廻転《りんねてん》生《しょう》」が同居していることに、テキスト『現代の聖典』(「『王舎城の悲劇』の物語」)の筆者が何らの批判もなく、違和感をもいだいていないことに驚きます。そしてまた、これを読む人が佛教をすっかり誤解してしまうことに、このテキストの筆者が何ら配慮の必要を感じていないことにも暗澹《あんたん》たる思いをいだきます。

「阿闍世の出生の秘密」は提婆達多の「作り話」

次に、この「出生の秘密」なるものが、はたして事実だったのでしょうか?

テキスト『現代の聖典』「『王舎城の悲劇』の物語」の記述者に限らず、「阿闍世の出生の秘密」を、いまだに事実だと思っている真宗門徒は少なくありません。

テキスト『現代の聖典』に記された「『王舎城の悲劇』の物語」の記述における決定的なまちが

いは、この筆者が、阿闍世の「出生の秘密」なるものが事実ではなく、提婆達多が阿闍世に語った「作り話」であったということを知らずに、文章を書いているということです。

つまり、王子阿闍世が提婆達多から聞かされた「出生の秘密」というものが、すべて「嘘《うそ》」であったということが重要な意味をもっているのです。

やがて、阿闍世の身の回りで、その「嘘」が暴露される、ある出来事が起きます。

テキスト『現代の聖典』の筆者だけでなく、『観無量寿経』〈序分〉そのものを題材に講釈する学者や僧侶、またそれらを学ぶ一般の人々――、これらのなかにも、いまもってなお、阿闍世の出生にまつわる提婆達多の讒言《ざんげん》（阿闍世に頻婆娑羅を排除させるための作り話）を、そうとは知らずにそのまま信じている人たちが大勢います。

この事実は、同時に、真宗門徒の多くが、さきに引用した「神だのみ」や「占い」「輪廻転生」に明け暮れる国王頻婆娑羅夫妻を、「熱心な信者」であると讃《たた》える『現代の聖典』の記述に、何の違和感もなく、異議をも唱えないで読み過ごしているという「佛教理解」の混乱を、露呈しているといっても過言ではありません。

これは、単に「不勉強」とか「認識不足」とかというものではなく、彼らの「佛教理解」のなかで、佛教とバラモン教の区別がつかなくなっていることを、如実に物語っているのです。

頻婆娑羅は穏やかに最期をむかえたか？

さらに、東本願寺刊『現代の聖典』は、次のように記しています。

頻婆娑羅は、ふだんから熱心に釋尊の教えを聞いていましたし、幽閉の後《のち》も釋尊から遣《つか》わされた佛弟子目連《もくれん》・富楼那《ふるな》によって、八戒を授かり、聞法《もんぼう》を続けていたので、心は安定して死をおそれず、穏《おだ》やかに最期《さいご》をむかえました。

やがて阿闍世王は母韋提希を幽閉から解放します。

(『現代の聖典』「『王舎城の悲劇』の物語」八四頁)

しかし、この記述にもいくつかの問題があります。

ここに記されたように、頻婆娑羅は、ほんとうに穏やかに最期をむかえることができたのでしょうか?

王子阿闍世は、父頻婆娑羅を監禁して、厳しく面会を禁じますが、やがて、牢番に王の様子を尋ねますと、

「王妃さまが、ひそかに食べ物を運び、また釋尊のお弟子が空からやってこられて、み佛のみ教えを説き聞かされますので、それを制止することはできません。」

と牢番は答えます。

これに激怒した王子阿闍世は、母韋提希を父王とは別の牢屋に監禁するのですが、父王頻婆娑羅に対しては、釋尊が法座を開かれているという「耆闍崛山」を遙《はる》かに礼拝《らいはい》できる唯一の高窓から、外の風景を二度と眺めることができぬよう、家来に命じて、父王の足のウラの皮を剥《は》ぎ取ってしまいます。これを経典は、阿闍世が家来に「足を削《けず》れ」と命じた、と記述しています。

（『涅槃経《ねはんぎょう》』梵行品《ぼんぎょうぼん》）

足のウラの皮を剥ぎ取られた頻婆娑羅は、それ以降、立ち上がって「耆闍崛山」を遙拝《ようはい》することは、二度とできなくなります。

（『根本説一切有部毘奈耶破僧事』）

ですから、さきに引用した『現代の聖典』の「穏やかな最期をむかえました」などという記述は、何らの根拠もない作り話です。

阿闍世はなぜ韋提希を解放したのか？

次に、王となった阿闍世が、母韋提希を解放する理由が語られていません。いったん発せられた国王の命令は、単なる母子喧嘩《おやこげんか》として、気まぐれに処理できるものではありません。

じつはそののち、阿闍世王にとって、自分が大変なまちがいを犯していたことに否応《いやおう》なく気づかせられる出来事がもちあがってくるのです。

阿闍世には優耶婆陀《ウダイン・バトラ》という男の子がありました。母韋提希を牢獄に幽閉し、父頻婆娑羅王の足を削って立つことさえできなくした、その数日後のある日、優耶婆陀の右手の小指が「指瘡病《しそうびょう》」（瘭疽《ひょうそ》に似た遺伝性の疾患）に罹《かか》り、昼も夜も泣きつづけます。その声を聞きつけた王妃韋提希は、泣きつづけるわが子をいだく阿闍世を呼び寄せて、

「おまえもちょうどこんな歳ごろに、この子と同じように、指瘡病に罹って、とうとう右手の小指を切り落としてしまったことがありました。おまえはいま、その子の指の血ウミを吸い出してやってはいますが、おまえが吐《は》き出す血ウミを見て、その子はこのように怯《おび》えているではありませんか。

おまえの父は、おまえがそのように怯えるのを心配して、指から出る血ウミを吐き出さずにみんな呑《の》み込んでくれたのですよ。……でも、とうとう治らなくて、おまえの小指は切り落としてしまいました。」

と話します。阿闍世王はそれを聞いて、自分の小指が失われた真相は、そんなことであったのかと悟り、ようやく、提婆達多に騙《だま》されていたことに気がつくのです。

そこで阿闍世は自分が犯した大罪を悔《く》いて、「父上をすぐに救出して、謝罪せねば」と、家臣たちに王を牢獄から救出するよう命じます。

しかし、頻婆娑羅王は、深夜おそくに、王の釈放を歓《よろこ》び牢獄に押し寄せる家臣たちの歓声や靴音を聞いて、「いよいよ、阿闍世が家臣たちに王の殺害を命じたのだ」と思い込んでしまいます。

そして、息子に親殺しをさせない唯一の方法として、王は血だらけの足で高窓によじ登り、高楼から身を投げて自ら生命《いのち》を絶ってしまうのでした。（『十誦律《じゅうじゅりつ》』六「雑誦・調達事」）

わが子に、罪を犯させまいとして、自分の命を捨てた頻婆娑羅の厚い親心を知って、阿闍世の後悔は頂点に達します。

この阿闍世が、釋尊の教えによって、どのように救われていくかを説いた『涅槃経』の記述「阿闍世の回心《えしん》（救い）」については、親鸞聖人《しんらんしょうにん》が、主著『教行信証《きょうぎょうしんしょう》』〈信の巻〉に、丁寧に引用されています。

しかし、この阿闍世の救いという主題に関しては、別の機会に譲るとして、以上述べてきたところまでが、いわゆる「王舎城の悲劇」の物語についての、「教学の伝統的な事実誤認」を知るうえでの「基礎知識」として、私たちがまずもって、認識しておかねばならない視点であろうかと思います。

教義理解を蝕むバラモン教の伝統

さて、このたび私は、真宗大谷派・東本願寺出版の教化・布教用のテキスト『現代の聖典』の記述の誤りに疑問を投げかけることを通して、現代真宗教団の教義理解が、バラモン教的な解釈に呑み込まれていく実例を示しました。そして、ここで取り上げたかったことは、現代を生きる私たち自身の日常感覚に深く喰《く》い入ったバラモン教の伝統が、いかに私たちの求道を蝕《むしば》んできたかということでした。

「文章を正しく解釈すれば、そのような誤解はないはずで、その責任は学ぶ側の能力不足である」などという逃げ口上で、経文や、旧来の解説・記述などを弁護する学者がときどきいますが、一文不智《いちもんふち》のものがひたむきに聞いてきた真宗念佛の説教が、バラモン教の勧善懲悪まがいの思想であり、中世以来、宗門を護持してきた田舎の人々が、その説教による被害者であったことに対して、教団はもとより、私たち僧侶一人ひとりが、謙虚にその加害責任を認めねばなりません。

しかし、その根底に横たわる混迷の本質は、単に私たちの理解や感覚の至らなさといった問題ではなく、また、『現代の聖典』の記述や解説、『観無量寿経』の解釈の是非というようなことよりも、むしろ経典の伝承や翻訳の過程で、佛教の『経典』そのものが佛陀以前のバラモン教の世界観に先祖返りしていく傾向性が、人間そのものの骨の髄にまでしみ込んでいるのだということを、仏教徒すべてが自覚せねばならないということなのです。ですからこれは、すべての宗教がたどる宿命のようなものだと、私は考えています。

『佛説無量寿経』「極楽段」と「非人教化《きょうけ》」に表れた「輪廻転生説」

ところで、親鸞聖人は、その主著『教行信証』の序文（まえがき）のあと、全六巻を著すに先立って、「大無量寿経　真実の教・浄土真宗」と述べられて、「浄土三部経」（『佛説無量寿経』『佛説観無量寿経』『佛説阿弥陀経』）のうち、『佛説無量寿経』（『大無量寿経』）こそが浄土真宗の根本経典であることを宣言されています。

ところが、『大無量寿経』は内容の必然性から上下二巻に分けられていますが、この上巻の最終部分「極楽段」の終わりに、浄土に往生した者の姿《すがた》・形《かたち》の優れた様子が釋尊によって説かれるくだりがあります。これに対して聞き手の阿難《あなん》尊者が延々と語った次のような言葉があります。

阿難は佛に申した。「それはとても比べものにならないのは言うまでもありません。なぜなら、貧しく困窮する物乞いは、最低の暮らしをしていて、衣服も形を包みかくさず、食物はわずかに命をつなぐのみで、飢えと寒さに苦しみ、人の道から外れかかっています。それはみな、過去の世で善根の本を植えず、財を積み蓄えても人に施さず、金持ちになればますます慳《おし》み、ただいたずらに利得を得ようと貪り求めるばかりで、あえて善い事をなさず、悪い事を山のように積んで居座っていたからです。このようにして寿命《いのち》を終えると、財宝はみな消え失せてしまい、生前に身を苦しめて積み重ね集めるためにどれほどか憂い悩んできたかもしれないが、自分のためには何の益《やく》にもたたず、いたずらに他人のものになってしまうのです。わが身にはたのむべき善もなく、たよるべき徳もない。このゆえに死んでのちには地獄・餓鬼などの悪世界に堕《お》ちて、長い間の苦しみを受けるのです。その罪をつぐない終えて悪世界から脱出することができて、人の身を受けて生まれても、いやしいものとなって、愚かさのためにどうにか人として生きているだけなのです。世間の帝王が、人の中で独り尊い理由《わけ》は、みな過去の世で徳を積んだためであります。その人は慈しみ恵みを広く施し、仁と愛の心で人びとを救います。信に立脚して修して、人と争い逆らうようなこともありません。こうして寿命《いのち》を終えれば、その福徳に応じて善い世界に昇ることができ、天上界に生まれて幸福と楽しみを受けるのです。その人は善を積んだ余慶《おかげ》で、いま人として生まれることができたのであります。たまたま王家に生まれて、自然に尊貴であるのです。容姿や振る舞いは端正で、多くの人びとに敬い仕えられ、心のままに美しい衣服も美食も得られるのであります。それは宿世の善行によるところなのです。」

（戸次公正著『意訳・無量寿経』八〇頁）

さらに、たとえば東本願寺の講師で、『歎異抄《たんにしょう》』研究で著名な、三河《みかわ》の妙音院了祥《みょうおんいんりょうしょう》師（一七八八～一八四二年）の「非人教化《きょうけ》」といわれる説教は、この『大無量寿経』上巻末の「極楽段」の内容そのままを、「真宗の法話」として語ったもので、「乞食や非人に生まれたことは、ひとえに前世の悪業の報《むく》いであり、現実の社会生活での差別や苦しみのすべては、前世での自分自身の生き方における当然の報いである」として、次のように説いています。

乞食非人のありさま、衣はやぶれて形をおもはず、食は乏《とも》しくて、わずかに命をつなぐのみ。
飢寒《うえさむ》さには身体やせ劣へ、ただその形の人間に似たるのみ。
これ又《また》も前世に功徳を積まず、財宝は蔵に満ち満つれども、
人に施《ほどこ》すことなく、富貴栄えればますますおしみ、
あるがうへにもまだひとのものを取らんと思ひ、
情《なさけ》無き心より、日々に悪業《あくごう》はまし、
欲ふかき思《おもい》より夜々に罪障は重《かさ》なり
遂《つい》に命終《をわ》りぬれば、惜しみ惜しみし財宝は、徒《いたづら》に他人の物となり、
つもりかさねし悪業は、吾身に離れずして、
おのれを苦しめ、地獄におち、餓鬼におち、畜生となり修羅となり、
ながく久しくその苦を受け、やうやく人間にうかみ出《いで》ながらも、
火は消えながらも、熱気《ほとほり》残りたるごとく、
昔の余習たへず、乞食となり、非人となり、
おろかにいやしき身と生まれたるなり。

一読して了解できるとおり、これら『大無量寿経』上巻末の「極楽段」や、妙音院了祥師の「非人教化」の説教は、『大無量寿経』下巻の「五悪段」などの記述と同様、佛典とはいいながら、

『ジャータカ』などに代表されるバラモン経の「輪廻転生説」の影響を強く受けているのです。

因果応報を説く『因果経和讃』

また、かつては、京都・東西本願寺界隈《かいわい》の数珠《じゅず》屋や仏壇屋などに、お土産《みやげ》品を売るようにして『因果経和讃《いんがきょうわさん》』などという経本が、販売されていました。

この『因果経和讃』のもとになったものは『佛説善悪因果経』という、中国で造られた偽経《ぎきょう》です。この経典に説かれている「因果応報論」の根拠となったものに、『過去現在因果経』という経典があります。

この『過去現在因果経』は、宋《そう》朝の元嘉《げんか》二〇年代（五世紀中ごろ）、つまり、『佛説観無量寿経』が漢訳されたと伝えられている同じ時代に、インドの求那跋陀羅《グナバッダラ》によって中国で翻訳されたものといわれています。

この経典は、日本ではすでに奈良時代に、『絵因果経』（上段に絵図を配した八巻本）として広く普及していて、この『絵因果経』は、平安時代の初期に完成した『日本霊異記《にほんりょういき》』にも引用されています。

このように、「因果応報による輪廻転生説」がすでに佛教伝来の初期の段階から佛教経典のなかに混入していて、佛教は「輪廻転生」を説く教えであると認識している学者や知識人が、いまでも大勢いるのです。

この『因果経和讃』は、現在も数多く出回っていて、田舎の真宗門徒の家々の佛壇などに置いてあるのをたまに見かけます。つまりは、コンピューターや科学的実証主義に頼《たよ》りきった現代日本社会においても、いまなお、死後往生や輪廻転生が多くの人々に受け入れられているということなのです。

なかでも多く出回っている『因果経和讃』（折本・大正一五年刊行）に、次のようなものがあります。

『因果経和讃』

南無や本師《ほんじ》の釋迦如来　五濁悪世に出現し
説法波羅那《はらな》にしたまへり　その時御弟子の阿難尊
善悪苦楽のその故を　未来来世の我等まで
一一知らしめたまはんと　問ひつ答えつ因果経
いまこの経を和讃とす　後世《ごせ》の菩提を願う人
老若男女諸共《もろとも》に　唱えて我身に引きくらべ
因果の道理弁《わき》まへて　佛道修行致すべし
現在諸人の有さまは　皆これ過去の報《むくい》なり
六根器量のよき人は　忍辱《にんにく》柔《にゅう》和《わ》の果報なり
生れて醜きそのものは　腹を立てたる其《その》むくひ

貧乏無福に生るゝは　慳貪《けんどん》邪見の其《その》しるし
唖聾《おしつんぼう》となるものは　佛法謗《そし》った過《とが》とかや
命も短く子もなきは　殺生したる報ひなり
子供男女の榮えるは　物の命を救うゆえ
長命《ちょうみょう》無病のその恵《めぐみ》は　慈悲心深き恵なり
福徳円満なる家は　三宝供養の善根《ぜんごん》よ
利根《りこん》発明すぐるるは　念佛誦経《ずきょう》の御徳なり
愚鈍で無智なる其《その》者は　畜生変化《へんげ》の者ぞかし
下劣で人に使はるるは　債《おいめ》をきたる報ひなり
業病悪病わづらふは　破戒で三宝謗《そし》る咎《とが》
口中臭く汚きは　悪口《あっく》両舌人ことよ
眼病色々病《や》む人は　佛に燈明をしむ故
下賤で人に愧《はぢ》かくは　驕慢懈怠《きょうまんけたい》の心より
高位高官備《そな》はるは　礼拝恭敬《らいはいくぎょう》の其功徳《そのくどく》
五逆十悪造りなば　無間《むけん》三十六地獄
此《この》経聴《きき》てあらためば　即ち菩薩よ佛《ほとけ》なり
此《こ》れは過去にて現在に　植えれば未来の種となる

蓮を植ゑれば蓮の華　看《み》よ極楽に九品《くぼん》まで
因果の道理明らかに　佛《ほとけ》に嘘は無きものぞ
只一向に疑はず　南無阿弥陀佛信ずべし

「往相・還相の回向は他力に由る」とは

もう五〇年も前のことですが、私が学業を了《お》えて郷里へ帰り、田舎の門徒衆と接するようになったところ、お寺で催される毎月定例のお説教（法話）を聴きに集まる人たちの多くが旧来から聴かされて納得していたことのなかに、とても「真宗の教え」とは思えない了解《りょうげ》が多く含まれていることに驚きを感じました。しかし、いまにして思えば、それらは、当時の法話や説教によって育てられた門徒衆の「きわめて当然な納得《なっとく》」であったのだと思います。

『正信偈《しょうしんげ》』に「往還回向由他力《おうげんえこう》」（往相・還相の二つの回向は、ともに他力による）という一句があります。これは、親鸞聖人の主著『教行信証』本文の冒頭に、この書の根幹を表す言葉として掲げられている文章によるものです。つまり、真宗の教えの内容を一言でいえば、「往相《おうそう》・還相《げんそう》の二種の回向」であり、それは、ひとえに「往相・還相の回向のいずれもが他力に由《よ》る」ということです。これは浄土佛教の教義の根本を語る言葉です。

ところが、この「往還回向由他力」の「他力」ということを、「自分以外のものの力」と解釈して、「自分が生まれて、今日まで生きてこられたのも、多くのものに恵《めぐ》まれて私が現在あるのも、決して自分の力ではなかった。他の無数のもののおかげであった」などといって、それを「佛さまのおかげ」として喜ぶことが、「信心歓喜・佛恩《ぶっとん》報謝」であるという了解が、門徒衆だけでなく、広く世間一般にまで浸透しているのが実情でした。そして現在も、そういった説教・法話をする僧侶が少なくありません。もちろん一般人の認識についても同様で、「いつまでもアメリカの軍事力にすがっていないで、日本も独自の軍隊を持って自立しなければいけない。親鸞のような他力本願ではダメだ」などという大臣もいましたが、およそ世間一般では「他力」という言葉は、「自分は何もしないで、他人の力をアテにするムシのよさ」を表す言葉として理解されています。

親鸞聖人は『教行信証』（行の巻）に「他力」を解説するにあたって、「他力といふは、弥陀の本願力なり」と述べられています。つまり、「他力」とは阿弥陀如来の本願のはたらきであって、決して、宇宙の運行や、大自然の恵みや、他人の力などということではないのです。太陽や水や空気のおかげを喜ぶなどという自然崇拝のような「新興宗教」もたくさんありますが、そこでいう「おかげや喜び」は、自分に都合のよいことを煩悩《ぼんのう》が喜んでいるだけのことであって、太陽や水や空気の具合によっては、日照りや旱魃《かんばつ》、そして洪水や暴風雨などに見舞われると、途端に煩悩はそれらの恩恵を呪うようになってしまうのです。

「往相の回向」「還相の回向」とは

また、この『正信偈』の「往還回向由他力」にあります「往相の回向」「還相の回向」ということについていえば、五〇年前の当時、真宗門徒に広く教えられていた「往相の回向」についての一般的な認識は、「阿弥陀佛の本願を信じて念佛を称えれば、いかなるものも死後には必ず浄土に迎えとっていただける」というものであり、また「還相の回向」とは、「浄土に往生したものは、ふたたびこの娑婆《しゃば》世界に還《かえ》ってきて、阿弥陀佛の衆生済度《しゅじょうさいど》のはたらきをさせていただくことができる」という、典型的な「死後往生」という救済観による信仰にもとづくものでした。

ここでいう「救済」としての「還相の回向」ということは「信心決定《けつじょう》した者にどのような生き方が開かれてくるか」という、まさに「独立者」としての生きる課題が明らかになる、ということではありませんでした。ですから私たち念佛者の「求道心」は、「いかにすれば、死んだあとには地獄に堕《お》ちずに、極楽浄土に往生できるか」という死後の自分に対する「自己関心」のみに終始し、「念佛者の慈悲心」は死んでのち浄土に往生してから、この世に還ってきて「思うがごとく衆生を利益する」というお伽噺《とぎばなし》のような説教を信じ込まされてきたのです。

親鸞聖人は、『教行信証』（証の巻）に、曇鸞《どんらん》大師の『浄土論註《じょうどろんちゅう》』の文章を引用して、往相・還相の回向ということについて、「若《も》は往《おう》、若《も》は還《げん》、皆衆生を抜《ぬ》きて生死海を渡らしめんが為なり」、つまり「往相・還相いずれの回向も、衆生の迷いを超えさせるためである」と記されているのです。

雑音のなかから「佛陀の真説」を聴き分ける

人間が欲望達成の道具として考え出した「宗教に似たもの」（疑似宗教）などは論外として、真に

「宗教」といい得るものがあったにしても、それらが、人間の手に握られ、受け継がれていくとき、多くの場合、それらは堕落と変質とをつみ重ねてしまうのではないでしょうか。

釋尊滅後二五〇〇年――。人から人、時代から時代へと手渡されてきた佛教は、この長い年月のあいだに付着した「人間の手垢《てあか》」によって、いまやその表面を覆《おお》い尽くされてしまいました。

日本佛教においても、法然上人や親鸞聖人のように、釋尊の佛教本来の光をとりもどす営みに生涯を尽くした人たちの歴史が、いくたびかあったにもかかわらず、人間の拭《ぬぐ》いがたい「宗教利用意識」によって、今日、八〇〇年に余る佛教世俗化の歴史が、浄土佛教の「万人平等《ばんにん》」の救いを、非現実的な幻想にしてしまっているといわねばなりません。

同時に、この意味で佛教二五〇〇年の歴史は、人間の欲望との闘いの歴史であり、煩悩によって佛教の本分を見失ってきた歴史でもあるのです。

もう三〇年も前のことになりますが、サラサーテ自身が演奏しているという幻の名盤『ツィゴイネルワイゼン』を、古くからの法友・森惣太郎氏（神奈川県在住）といっしょに聴いたことがありました。

この録音の存在は、日本では、内田百閒《うちだひゃっけん》の小説『サラサーテの盤』にもとづく鈴木清順《すずきせいじゅん》監督作品の映画『ツィゴイネルワイゼン』（一九八〇年四月公開）によって広く知られるようになりました。

古い方式で録音された音源から作製したＳＰレコード盤は雑音が多くて聴き取りにくく、演奏の途中には、サラサーテ自身の声ではないかといわれている話し声が入ったりしています。

そのとき森さんから聞いたことばが、実に印象深いものでした。

「私たちの耳は便利にできているものですね。どんなに傷《いた》んだ録音でも、長いあいだに刻《きざ》まれた無数の雑音のなかから、ほんとうに聴きたい音だけを選《よ》り分《わ》けて聴いているんですから……。いくら雑音が多くても、そのなかから、サラサーテの演奏が、聞こえてきますね。」

釋尊が生きられた時代から二五〇〇年を経《へ》た現代にいたるまで、人類の苦悩と迷走の歴史は、佛陀直説《じきせつ》の教えを伝えながら、同時にその伝承に無数の騒音・雑音を刻んできました。

これらの「真《しん》・仮《け》(方便)・偽《ぎ》(いつわり)」織《お》り交《ま》ぜた、おびただしい「佛教遺産」のなかから、「佛陀の真説」を聴き分《わ》けて「本願念佛」の歴史にたどりつかれた、親鸞聖人のひたむきな求道の成果をいただきながら、現代を生きる私たちもまた、雑音と迷走のなかに引きずり込まれて、聖人の足跡《そくせき》を見失ってきたのではないでしょうか。

親鸞聖人が棄《す》てられたはずの「天台宗」をしのぐ豪壮な建造物と、時代錯誤の華美な衣装。そして教団財政の大部分をまかなう死者供養。真宗とは無縁の、いわくありげな儀式作法。教学とは名ばかりの、雑音だらけの、器械的な「文献整理学」――。こんな伝統を満載して、難度海《なんどかい》をめざして船出した大船「本願寺丸」は、どこの岸辺《きしべ》に漂着しようというのでしょうか。

＊　　＊

このたび、落合誓子さんが著された『女たちの「謀叛《むほん》」――仏典に仕込まれたインドの差別――』は、彼女が多年にわたって取り組んでこられた「反戦・反差別」の運動のなかで、とくに「性差別」の課題から見えてきた、「現代佛教における教学的差別」を、その根底から問い直すための画期的な試みでした。この「試作」が、今日まで「真俗二諦論《しんぞくにたい》」によって延命を図ってきた現代真宗諸教団が主導する、「体制権力構造とは接点をもたない教団教学」に、徹底した懐疑と自己批判を加え、かつて、真宗大谷派において教団の命運をかけて展開された「同朋会運動《どうぼうかい》」という信仰運動が提起した課題を、いま一度根底から問い直す始まりになることを期待しています。

《参考文献》

比後孝『王舎城の人々の物語』比後孝
戸次公正『意訳・無量寿経』法蔵館
仲尾俊博『靖国・因果と差別』永田文昌堂

真俗二諦について

比後 孝

「真俗二諦」の原義

「真俗二諦《しんぞくにたい》」、「真諦」・「俗諦」の「諦」とは、明らかで不変の真理・真実をさす。

佛法《ぶっぽう》は、佛《ぶつ》の正覚《しょうがく》の内容である法（所証の法）と、教えとして説かれた法（所説の法）の両法をもって佛法という。佛の正覚の内容そのものは、覚《さと》られた佛陀《ぶっだ》世尊ひとりにあるが、釈尊が此《こ》の土において正覚を成就されたことは、実はあらゆる人間（衆生）が佛になれるという普遍的な意味をもったことであり、その意味を意味たらしめるために説法ということが出てくる。釈尊は成道《じょうどう》後、覚られた法が、説くについても理解するについても、「説法不可能」だという衆生の現実の前に、そのまま涅槃《ねはん》に入ることも考えられた。しかし、梵天勧請《ぼんてんかんじょう》という娑婆《しゃば》世界の最高神の懇願を受け入れ、菩提樹《ぼだいじゅ》下より立ち上がって、鹿野苑《ろくやおん》において、最初の説法（初転法輪《しょてんぼうりん》）が行われた。この、教えとして説かれた法（所説の法＝俗諦）は、正覚の内容（所証の法＝真諦）そのものではなかった。

佛の正覚の内容（自内証）とは、表現を絶した最高・最勝・第一の究極的真理・絶対平等の理法であり、これを真諦といい、また、勝義諦《しょうぎたい》・第一義諦ともいう。そして、衆生のために言説された法（所説の法）を、俗諦といい、また、世諦《せたい》・世俗諦・実諦《じったい》ともいう。これが真諦・俗諦の真俗二諦である。

「真俗二諦」の解釈とその変化

真俗二諦説は、インドにおいても、初期の佛教以来、阿毘達磨《あびだつま》（対論）として論議のテーマとされてきたが、部派佛教の説一切有部《せついっさいうぶ》では、佛説の真意を逸脱してしまって、「佛法を真諦、世法を俗諦」とする二諦説が、すでに現れてきている。

龍樹《りゅうじゅ》は『中論』で、縁起《えんぎ》の法を中観《ちゅうがん》・空《くう》思想で明らかにし、帰謬論証《きびゅうろんしょう》的方法を述べ、「第一義諦」と「世俗諦」という二諦を示している。真理・真実ということを表現することや理解することは、もともと、凡夫《ぼんぶ》の境涯を超えることであり、はじめから限界はあるのだが、真如法性《しんにょほっしょう》とか一《いち》如《にょ》のままでは、まったく触れることも、取りつくしまもないわけである。しかし、如来《にょらい》を「如（真理）から来たもの」といっても、古い経典には、「色や形をもって我（佛）を見る者は、我を見る者ではない」という表現もある。それゆえ、一定の境地に到達した龍樹の言説が手がかりとなるのである。

親鸞《しんらん》は、「俗諦」について、『教行信証《きょうぎょうしんしょう》』『行の巻』に、『涅槃経《ねはんぎょう》』を引いている。

善男子《ぜんなんし》、実諦は名づけて大乗《だいじょう》と曰《い》う。大乗にあらざるは実諦と名づけず。善男子、実諦はこれ佛の所説なり、魔の所説にあらず。もしこれ魔説は佛説にあらざれば、実諦と名づけず。善男子、実諦は一道清浄《しょうじょう》にして、二あることなきなり。

「実諦（俗諦）」は、あらゆる衆生に公開されるという「大乗」そのものの意味をもっているが、佛説であるからこそ、実諦と名づけられ、一道清浄であって、一元論的なものなのである（『涅槃経』では、俗諦は実諦と表現されている）。

中国での解釈

中国へと佛教が伝わるに際しては、異質の言語への翻訳であることと、それが奉詔訳《ぶじょうやく》（詔を奉じて国家事業として行われた翻訳）のために、専制君主に不都合な翻訳ができないという、二つの大きな壁があった。そのために、訳語をはじめその基盤に老荘《ろうそう》の思想が用いられたが、そこには、「真」

とは「天」にのっとり、天より受けるものという思想があった。二諦論は中国佛教学の重要なテーマとなるなかで、「出世間の法と世間の法」、「佛法と王法」を真俗二諦と呼ぶ解釈が現れている。さらに、国家と佛教の関係について、廬山《ろざん》の慧遠《えおん》などによる「沙門《しゃもん》不敬王者の論争」があり、また、とくに国王の恩を強調する「四恩」などが説かれ、のちに日本で「鎮護国家の三部経」に数えられる、『金光明経《こんこうみょうきょう》』や『仁王経《にんのうきょう》』が、護国の経とされて重視された。中国においては数多くの真俗二諦説が登場し、唐の道宣《どうせん》は「二諦、古来異説二十三家を列ぬ」と数えている。浄影寺《じょうようじ》の慧遠《えおん》が『大乗義章《だいじょうぎしょう》』に、「俗とは世俗を謂《い》う。世俗の知る所なるが故に俗諦と名づく、真とは是《こ》れ其の妄《まどい》を絶つの称なり」と解説する二諦論は、その代表的なものといわれている。

しかし、そうしたなかで、「一道清浄」を失わない「俗諦」論が、龍樹から曇鸞《どんらん》・親鸞へと、伝統されてきていたのである。

曇鸞と親鸞の真俗二諦論

親鸞の著作や手紙における、「真諦・俗諦」と「二諦」の語についての、直接の記述は、以下の『教行信証』の二つの引用文のみである。

（一）『教行信証』『行の巻』の『浄土論註（無《む》量《りょう》寿《じゅ》経《きょう》優《う》婆《ば》提《だい》舎《しゃ》願《がん》生《しょう》偈《げ》註《ちゅう》）』（曇鸞の主著）の文

（引用文中の改行とⓐⓑは、比後による）

「何《いずれ》の所にか依《よ》る」、「何の故にか依る」、「云何《いかん》が依る」、と。「何の所にか依る」は、修多羅《しゅたら》によるなり。「何の故にか依る」は、如来すなわち真実功徳の相なるをもってのゆえに。「云何が依る」は、五念門を修して相応《そうおう》せるがゆえにと。乃至「修多羅」は、十二部経の中の直説《じきせつ》のものを「修多羅」と名づく。いわく四阿含《あごん》・三蔵等の外の大乗の諸経をまた「修多羅」と名づく。この中に「依修多羅」と言うは、これ三蔵の外の大乗修多羅なり、阿含等の経にはあらざるなり。

「真実功徳相」は、

ⓐ二種の功徳あり。一つには、有漏《うろ》の心《しん》より生じて法性に順ぜず。いわゆる凡夫《ぼんぶ》人天《にんでん》の諸善・人天の果報、もしは因・もしは果、みなこれ顛倒《てんどう》す、みなこれ虚偽《こぎ》なり。このゆえに不実の功徳と名づく。

ⓑ二つには、菩薩《ぼさつ》の智慧・清浄《しょうじょう》の業《ごう》より起こりて佛事を荘厳《しょうごん》す。法性《ほっしょう》に依って清浄の相に入《い》れり。この法顛倒せず、虚偽ならず、真実の功徳と名づく。いかんが顛倒せざる、法性に依り二諦に順ずるがゆえに。いかんが虚偽ならざる、衆生を摂して畢竟浄《ひっきょうじょう》に入るがゆえなり。

（二）『教行信証』『化身土《けしんど》の巻』の『末法燈明記《まっぽうとうみょうき》』（最澄《さいちょう》著と伝わる）の文

『末法燈明記』を披閲《ひえつ》するに曰《いわ》く　それ一如に範衛してもって化を流す者は法王、四海に光宅してもって風を垂るる者は仁王《にんのう》なり。しかればすなわち仁王・法王、牙《たがい》に顕れて物を開し、真諦・俗諦、遞《たがい》に因って教を弘む。〔中略〕「佛、第五の主、穆《ぼく》王満五十一年壬申《みずのえさる》に当たりて入滅したもう」と。もしこの説に依らば、その壬申より我が延暦二十年辛巳《かのとのみ》に至るまで、一千七百五十歳なりと。……「佛、周の第二十一の主、匡《きょう》王班の四年壬子《みずのえね》に当たりて入滅したまう。」もしこの説に依らば、その壬子より我が延暦二十年辛巳《かのとのみ》に至るまで、一千四百十歳なり。かるがゆえに今の時のごときは、これ最末の時なり。かの時の行事、すでに末法に同ぜり。〔以下略〕

この、(一)の『浄土論註』の文の、ⓐの「二種の功徳相あり。一つには」から「不実の功徳と名づく」の部分は、『化身土の巻』にも引用されている。不実なる功徳というものは、功徳ではあるが、虚偽〔邪義〕の功徳である。必要のない功徳であるというだけではなく、あることがむしろ障碍《しょうがい》になる。有漏心より生じて、法性に順ぜず顛倒して、虚偽である。

ⓑの「二つには……」では、顛倒せず虚偽ならず、ゆえに真実の功徳と名づく。顛倒しないのは「法性に依り二諦に順ずるがゆえに」である。二諦に順ずるのは、菩薩の智慧や清浄の業より起こって佛事を荘厳するものであり、真実の功徳であり、真理に順ずることと現実に順ずることが、別のことではないということが真実である。それゆえ、理屈があっても衆生を摂取しない、浄に入

らず、すえとおらないものは、「不実」であると顕開されるのである。
曇鸞はもともと、三論・四論の学僧で、龍樹の真俗二諦の教説などについては熟知していた。その曇鸞が、「法性に依り二諦に順ずる」と、真如法性そのものとそれを知らしめる手立てとして、法身《ほっしん》について「法身を法性法身、報身《ほうじん》を方便《ほうべん》法身」とする「二種法身説」を展開している。この、人間を超えた法性（真諦）を、人間にある名号（俗諦）をもって具体化するというのが、曇鸞にとっても、この文を引用した親鸞にとっても、「法性により二諦に順ずる」という、「真俗二諦」の意味なのである。

曇鸞は『讃阿弥陀佛偈《さんあみだぶつげ》』で、龍樹を「本《ほん》師《じ》龍樹《りゅうじゅ》摩訶薩《まかさつ》」と仰ぎ、「南無慈悲龍樹尊」とまで讃《たた》えている。菩提流支《ぼだいるし》の縁を得たとはいえ、龍樹学徒として、その『浄土論註』のはじめに『十住毘《じゅうじゅうび》婆沙論《ばしゃろん》・易行品《いぎょうぼん》』を引き、その指南によって、『無量寿経《むりょうじゅきょう》優婆提舎《うばだいしゃ》願生偈《がんしょうげ》』（『浄土論』）を註解《ちゅうげ》しているのである。つまり、龍樹教学の必然としての龍樹の浄土教を継承するところで、世親《せしん》（天《てん》親《じん》）が著した『大無量寿経』の「優婆提舎願生偈」をいただいているのである。それは、本願他力に立ったところで、あらためて大乗佛教として、衆生の一切の志願を満たす清浄なる一道を示すものである。大乗佛教があらわそうとしたのは、教理というよりは、大乗菩薩道そのものである。それは法性・法身といった、佛ましますところから、大乗菩薩道が示現されるのであり、その手立てが、「二種法身説」という、親鸞が継承している、龍樹と世親の浄土教に立つ、曇鸞の真俗二諦論なのである。

法性すなわち法身なり。法身は、いろもなし、かたちもましまさず。しかれば、こころもおよばれず、ことばもたえたり。この一如よりかたちをあらわして、方便法身ともうす御すがたをしめして、法蔵比丘《ほうぞうびく》となのりたまいて、不可思議の大誓願をおこして、あらわれたまう御かたちをば、世親菩薩は、尽十方无碍光如来《じんじっぽうむげこうにょらい》となづけたてまつりたまえり。この如来を報身ともうす。誓願の業因にむくいたまえるゆえに、報身如来ともうすなり。……

（『唯信鈔文意《ゆいしんしょうもんい》』）

真諦である真如・法性・法身が、俗諦として形をとって表現されても、清浄の業より起こったものでなければ、「真実」を失ってしまう。大乗佛教全体のなかで、本願成就・浄土荘厳・法性と法身（法性法身と方便法身）などの本性的・本質的関係論として、如と如より来生したもうた阿彌陀《あみだ》如来本性譚としての、親鸞の法蔵菩薩論が語られてくるのである。

日本での解釈の変化

真俗二諦は、日本では、たとえば空海《くうかい》が『性霊集《しょうりょうしゅう》』に「俗を出て真に入り、偽を去りて真を得たり」と言っているように、「真俗」を人間について用い、「僧俗」・「道俗」と同義で、出家と在家、僧侶と俗人を意味する解釈まで登場する。

そうした傾向のなかで、「佛法→法王」を真諦といい、「王法→仁王」を俗諦とする、本来の意味とはかけ離れた真俗二諦論が、最澄の『末法燈明記』の中で論じられた。親鸞は、それが仮偽であることを顕開・分判し、真偽を勘決するために、『化身土の巻』にその大部分を引用しているが、その引用の意味を取り違えてしまったために、とくに本願寺系統の浄土真宗の解釈では、この錯誤の上に立って、「浄土往生の教法を真諦とし、国家社会において遵守すべき世間的教法を俗諦として、この二諦は、双輪双翼のように、相依り相資《たす》けるもの」とする解釈が生じ、さまざまな悪影響を及ぼしてしまってきた歴史がある。

正真の教えではない『末法燈明記』と末法の教法

『末法燈明記』は、とくに根拠も示さずに、「法王・仁王」という関係が、真俗二諦であると論じ、続いて、正像末《しょうぞうまつ》（正法と像法と末法）について「今の時のごときは、これ最末の時なり。かの時の行事、すでに末法に同ぜり」と決し、「ただ名字の比丘」があるだけで、「たとい末法の中に持戒あらば、すでにこれ怪異なり、市に虎のあらんがごとし。これ誰か信ずべきや」と、破戒・無戒の名のみの比丘であっても、「名字」を世の真宝とすると述べ、さらに、官僧として地位や名誉を拝する者は、「破国の蝗《いなご》」であるとまで述べている。しかし、親鸞の時代はすでに、高位の僧の輿《こし》を僧がかつぎ、比丘・比丘尼を奴婢《ぬひ》とし、法師・僧徒を僕従の名とする時代となっていたのである。

『化身土の巻』では、①「三願転入の文」②「五時史観の文」③『大智度論』の「四依の文」の引用④「しかれば末代の道俗、善く四依を知りて法を修すべきなりと」と続き、⑤真仮顕開、時代勘決の総標として「しかるに正真の教意に拠って、古徳の伝説を披《ひら》く。聖道・浄土の真仮を顕開して、邪義・異執の外教を教誡す。如来涅槃の時代を勘決して、正・像・末の旨際を開示する」と述べ、⑥『安楽集』を引用したあとに、⑦「しかれば穢悪・濁世の群生、末代の旨際を知らず。僧尼の威儀を毀る。今の時の道俗、己が分を思量せよ。⑧三時教を案ずれば、如来般涅槃の時代を勘うるに、〔中略〕我が元仁《げんにん》元年甲申《きのえさる》に至るまで、二千一百八十三歳なり。また『賢劫経』・『仁王経』・『涅槃』等の説に依るに、已にもって末法に入りて六百八十三歳なり」との、「道俗を勧誡し、如来般涅槃の時代勘決」の御自釈に続いて、⑨『末法燈明記』を引用している。それゆえ、この引用は、『安楽集』を「正真の教意」とし、それに拠って、「『末法燈明記』を披閲するに曰わく……」とあるように、『末法燈明記』を「古徳の伝説」として披いて吟味検討し、真仮を顕開・分判し、真偽を勘決しているのである。つまり、親鸞は、『末法燈明記』を正真の教えとは見ていないのである。

親鸞は、(一)の『行の巻』に引用した『浄土論註』の文のⓐの部分を『化身土の巻』にも引用しているが、その文に続いて、「『安楽集』に云わく、『大集経《だいじっきょう》』の「月蔵分《がつぞうぶん》」を引きて言わく、我が末法の時の中に億億の衆生、行を起こし道を修せんに、未だ一人も得る者あらじ、と。当今は末法なり。この五濁悪世には、ただ浄土の一門ありて通入すべき路なり、と」と、『安楽集』の『大集経』の文を引用している。ところが、この文は、同じ『化身土の巻』の中で、もう一度引用されている。『末法燈明記』の前にある、⑦⑧の御自釈の文の前の⑥の『安楽集』の文の最後の部分がそれである。このことは、「『安楽集』＝正真の教意、『末法燈明記』＝古徳の伝説」が、対論であることの、もうひとつの証左でもある。

『末法燈明記』を披閲するための引用文は、御自釈の「我が元仁元年甲申」という記述に対するものとして展開されている。「元仁元年（一二二四年）」は、『教行信証』が一応の完成をみた年だとも、立教開宗の年だともいわれるが、元仁元年には、延暦寺《えんりゃくじ》の衆徒によって、「吾が朝は神国なり。神道を敬うを国家の勤と為す」と、神明に向背することなどを糾明する『延暦寺山徒奏状』が提出され、隆寛《りゅうかん》・幸西《こうさい》ら源空《げんくう》（法然《ほうねん》）門下の流罪と専修念佛《せんじゅねんぶつ》の禁制が要求され、朝廷が流罪や追放を明言し、専修念佛の禁制が宣下《せんげ》されている。それによって三年後の嘉禄三年（一二二七年）には、隆寛らが流罪となり、延暦寺の山徒らによって、源空の墓が破却され、『選択本願念佛集《せんじゃくほんがんねんぶつしゅう》』の版木が焼却された。元仁元年は、のちに「嘉禄の法難」と呼ばれる弾圧が始まった年なのである。『選択集』の末に源空自身が、秦の焚書坑儒《ふんしょこうじゅ》のごとき弾圧を予測し、九条兼実《くじょうかねざね》に対して、「こいねがわくば、一たび高覧を経ての後、壁の底に埋みて、窓の前に遺すことなかれ。恐らくは破法の人をして、悪道に堕せしめざらんが為なり」と記しているように、日本の古代中世を通じて、唯一の禁書処分事件が起きるという、強烈な思想弾圧が、承元の法難時とは別の天皇らと九条家出身の将軍（兼実の曾孫《ひまご》）と北条執権という、新しい体制でも受け継がれた。また、墓をあばくという行為は、たとえば儒教国家である李氏朝鮮では、「剖棺斬屍」は極刑中の極刑とされているが、洛都《らくと》の儒林らにとっては、もっとも触れられたくない点の批判であったがための報復であったのかもしれない。

『延暦寺山徒奏状』では末法について、すでに源空の師の一人である叡山《えいざん》僧・皇円《こうえん》の『扶桑略記《ふそうりゃっき》』が、「今年（一〇五二年）より末法に入る」と記述しているなど、一般的にも共通認識となっていたにもかかわらず、「末法は万年の後であり、未だ末法には入っていない」と強弁しており、親鸞が『末法燈明記』を引用したのは、とくにこれに反論する必要があったためといえる。『末法燈明記』が書かれたとされる延暦二〇年 辛巳《かのとのみ》は、最澄の計算では、すでに末法であるか、もしくは「末法に同ぜり」と認知されていた。説法不可能という衆生の現実を前に、あえて（妥協して）二諦によって化を流されたとしても、その必然として正像末三時があり、末法が到来する。その三年後に、最澄は空海らとともに、その末法の教法を求めて入唐《にっとう》したが、彼らはそこで、いかなる教法を獲てきたといえるのか。その延暦二三年（八〇四年）が甲申《きのえさる》である。如来入涅槃（壬申）の申年と合わせて、元仁元年は、その干支がちょうど七周りする四二〇年後の甲申であることから、最澄の「我《い》が延暦二十年辛巳」に対して、親鸞は「我《い》が元仁元年甲申」と記しているのである。

親鸞は『化身土の巻』の「後序」で、

竊《ひそ》かに以みれば、聖道の諸教は行証久しく廃れ、浄土の真宗は証道いま盛なり。然るに諸寺の釈門、教に昏《くら》くして、真仮の門戸を知らず、洛都の儒林、行に迷うて邪正の道路を弁《わきま》うることなし。ここをもって興福寺《こうぶくじ》の学徒、（ママ）太上天皇 諱《いみな》尊成、（ママ）今上 諱為仁 聖暦・承元《じょうげん》丁《ひのと》の卯《う》の歳、仲春上旬の候に奏達す。（ママ）主上臣下、法に背き義に違し、忿を成し、怨みを結ぶ。これに因って、真宗興隆の太祖源空法師、ならびに門徒数輩、罪科を考えず、猥りがわしく死罪に坐《つみ》す。あるいは僧儀を改めて姓名《しょうみょう》を賜うて、遠流《おんる》に処す。予はその一なり。しかればすでに僧に非ず俗に非ず……

と記している。この文は、朝廷に提出するために、「平出《へいしゅつ》・闕字《けつじ》・（擡頭《たいとう》）」といった、公文書の書式で書かれたものをそのまま収録したもので、『歎異抄』（奥書）には「（提出され）外記《げき》の庁に納まる」と記されている。ここで親鸞が「法義に背違している」と断言した「法」とは、佛法とか王法とかと分けられるものではなく、法は本来ひとつなのであり、その法に、主上も臣下も洛都の儒林も背違しているとの指摘なのである。それは、「諸寺の釈門、教に昏くして、真仮の門戸を知らず」と聖道の諸教が正教を見失い、内心外道に帰敬するものになり果てていること、つまり、二諦の混乱が、「佛法者が念佛者をやぶる」法難となった原因なのである。

『教行信証』『真佛土《しんぶつど》の巻』では、「しかるに願海について、真あり仮あり。ここをもってまた佛土について、真あり、仮あり。選択本願の正因に由って、真佛土を成就せり」と述べ、「仮の佛土とは、下にありて知るべし。すでにもって真仮みなこれ大悲の願海に酬報せり。かるがゆえに知りぬ、報佛土なりということを。良に仮の佛土の業因千差なれば、土もまた千差なるべし。これを方便化身・化土と名づく」とある。「報中の化」といわれるが、「真仮」の顕開、「真偽」の勘決が行われるのは、仮偽の土ではなく教化の土であることから、「顕方便化身土」といわれるのである。

本願寺教団によって変質する「真俗二諦」

○覚如の解釈

親鸞の死後、その廟堂《びょうどう》の管理権を獲得した覚如《かくにょ》は、「源空→親鸞→如信《にょしん》」という三代伝持の法統を称え、それを継承する自身の言葉は「師資相承《ししそうじょう》の直語に違わざる」ものであるとした。そして、「おおよそ師伝にあらざる謬説をもって、祖師一流の説と称する条、冥衆《みょうしゅ》の照覧に違し、智者の謗《ほう》難《なん》をまねくものか。おそるべし、あやぶむべし」と述べながら、親鸞が儒教そのものを否定しているにもかかわらず、同じ『改邪鈔《がいじゃしょう》』で「それ出世の法において五戒と称し、世法にありては五常と名づくる仁・義・礼・智・信をまもりて、内心には他力の不思議をたもつべきよし師資相承したてまつるところなり」と述べ、儒教道徳が真宗者の実践目標であり、親鸞から師資相承された教えであるとしてしまった。ここを枝路に、親鸞とはまったく異質な、おおせになきことをおおせという、世俗化され歪曲《わいきょく》化された二諦論が本願寺系統の真宗のなかに導入されていくのである。覚如は、「願力不思議の佛智をさずくる善知識の実語を領解《りょうげ》せずんば、往生不可なり」と断言し、この善知識とは「如来の代官」・「生身の如来」であるとしている。

さらに覚如は、廟堂の寺院化を企て、本願寺を名のり、延暦寺の末寺となり、護良親王《もりよし》から「祈《き》禱所《とうじょ》」の指定を受け入れた。祈禱所となることは、寺院の公認と天皇のための寺であるとの権威を得、寺領安堵《あんど》などで寺院経営の安定化につながっていったが、そのために、「真宗は祈禱する宗旨」だということになった。また、「霊神」について、『興福寺奏状《こうぶくじそうじょう》』では「念佛の輩、永く神明に別る。権化実類を論ぜず。……」と、神祇《じんぎ》不拝は糾明の理由とされた特質であるものを、『本願《ほんがん》寺聖人伝絵《じしょうにんでんね》』の、箱根権現《はこねごんげん》の示現や平太郎の熊野《くまの》参詣などでは、本地垂迹《ほんじすいじゃく》思想を無批判に導入して神祇崇拝を肯定し、あたかもそれらが佛教由来の思想であるかのごとく装い、神祇とのかかわりを変質させていった。これらは明らかに親鸞に背反する非真宗的な行動である。また、『改邪鈔』では、『末法燈明記』を引きながらも袈裟《けさ》の色だけを論じ、叡山を下りた親鸞が「つねの御持言」として、「われはこれ賀古の教信沙弥《しゃみ》の定なり」と、禿聖《とくひじり》の生活を規範としたことを、覚如自身が記述していながら、その親鸞の影像の姿から、禿聖の象徴でもある鹿杖《かせづえ》と履物、生活環境をあらわす毛皮の敷物を取り上げ、さらに『口伝鈔《くでんしょう》』では、源空の吉水《よしみず》へ通った親鸞が、都大路を供を連れて牛車《ぎっしゃ》にのって往来していたと、虚偽の記述をし、まったく貴族趣味的な、高貴なる「本願寺の聖人」像を、編み出している。

こうしたことを覚如が行ってしまったのは、民族宗教的な西山浄土宗系の教義を学んだことなどによって、儒教倫理と神祇思想などが重層的に混在する聖道門的な佛教教義を、親鸞の教えとすり替えてしまったためといわれる。

○存覚の解釈

覚如の長男の存覚《ぞんかく》は、『教行信証』の注釈本である『六要鈔《ろくようしょう》』において、『末法燈明記』を、「此の書は之、佛法・王法治化の理を演べ、乃《すなわ》ち、真諦・俗諦相依之義を明かす。……」と述べて、佛法と王法が対等にひとつになって、教化と治政を行うことが正しい理であるとし、真諦・俗諦は本来、相依相資《そうえそうし》であるという義を立てている。また、『破邪顕正抄《はじゃけんしょうしょう》』では、「佛法・王法は一双の法なり、鳥の二つの翼の如し、車の二つの輪の如し、ひとつもかけては不可なり。かるがゆえに佛法をもて王法をまもり、王法をもて佛法をあがむ。これによりて上代といひ当時といひ国土を治めまします盟主、みな佛法紹隆の御願をもはらにせられ、聖道といひ浄土といひ、佛教を学する諸僧、かたじけなく天下安穏の祈請を致し奉る、一向専修のともがらなんぞこのことわりをわすれんや。〔中略〕世世にかうぶりし国王の恩よりは、このところの皇恩はことにをもし、世間につけ出世につけ、恩をあふぎ徳をあふぐ、いかでは王法を忽諸したてまつるべきや。いかにいわんや専修念佛の行者、在々所々にして一渧をのみ一食をうくるにいたるまで、惣じては公家関東の恩化なりと信じ、別しては領主地頭の恩致なりとしる。公私につけてさらに違背の儀なし、……」と言い切っている。存覚がめざしたのは、世俗の王法をつくる権力と癒着して、血統を理由に親鸞の後継者として、門徒大衆に君臨することであったのだろうか。

彼の言行については、すでに「非学問的・恣意的・稚拙で、何らの信念も感じられない」と、批判している教学者があるように、一道清浄も、法性に依り二諦に順ずることも、何もない、佛法・

王法は一双の法だとし、信心正因称名報恩《しんじんしょういんしょうみょうほうおん》を真諦とし、王法為本仁義為先《おうほういほんじんぎいせん》を俗諦とし、双輪双翼のごとく相依相資するという、体制におもねる真俗二諦思想が、真宗における信仰と社会倫理の関係であると読みかえてしまった。親鸞は『愚禿鈔《ぐとくしょう》』で「本願一乗は、絶対不二の教、一実真如の道なり」と記しているが、本来ひとつのものである法を、意図的に二元論的に曲解することは、佛法へのあなずりであり、外道への帰敬にほかならない。

『六要鈔』は、『教行信証』を「ご本書」とする「末書」と呼ばれ、『教行信証』を直接学ぶのは畏《おそ》れ多いからと、必ず『六要鈔』を通して『教行信証』を読むのが、戦後にいたるまでの永い間、宗学の基本的な学習方法とされていた。一九四〇年ころに編纂《へんさん》された『真宗聖教全書《しんしゅうしょうぎょうぜんしょ》』では、『六要鈔』は存覚のものでありながら、「第二巻・宗祖部」の中に、『教行信証』に続いて収録され、現在にいたっている。これは、『六要鈔』を通して『教行信証』を読むために、便宜が図られたためであろうが、そのまま、この書が伝統的な真宗教学のなかで占めた位置を表わしているといえる。

○蓮如の解釈

まず開山聖人のさだめおかれし御掟《おきて》のむねを、よく存知すべし。その御ことばにいわく、「たとい牛盗人とはよばるとも、佛法者後世者とみゆるようにふるまうべからず。またほかには仁義礼智信をまもりて王法をもってさきとし、内心にはふかく本願他力の信心を本とすべき」よしを、ねんごろにおおせさだめおかれしところに、……

（『御文《おふみ》』3の11）

そのうえにはなお王法をさきとし、仁義を本とすべし。また諸佛諸菩薩等を疎略にせず、諸法・諸宗を軽賤せず、ただ世間通途《つうず》の義に順じて、外相に当流法義のすがたを他宗・他門のひとにみせざるをもって、当流聖人のおきてをまもる真宗念佛の行者といいつべし。……

（『御文』４の１）

蓮如《れんにょ》は、これらの発言からいえば、親鸞のおおせでないことをおおせといい、掟など定めるはずのない親鸞の掟を語るという、虚言を述べている点では、覚如・存覚の二諦説を、そのまま継承したといわざるをえない。『歎異抄《たんにしょう》』の最後に「まったくおおせにてなきことをも、おおせとのみもうすこと、あさましく、なげき存じそうろうなり。このむねを、よくよくおもいとき、こころえらるべきことにそうろうなり。……」とあるが、今日われわれが、蓮如が筆写し蓮如の奥書が書き込まれた底本による『歎異抄』でこの言葉に触れているというのは、皮肉としかいいようがない。

蓮如は、女人《にょにん》の救済ということでは、「五障《ごしょう》・三従《さんしょう》」という差別表現を用いて、『御文』一帖目の７では、「われらもこの罪業深重のあさましき女人の身をもちてそうらえば……」という問いに対して、「なにのようもなく、ただわが身は十悪・五逆・五障・三従のあさましきものぞとおもいて、ふかく、阿弥陀如来は、かかる機をたすけましますと語りはじめ、「まことにわれらが根機にかないたる……」と続けている。次に、同じ一帖目の10では、「まず我が身は女人なれば、つみふかき五障・三従とて、あさましき身にて……」と表現している。その後は「女人は五障・三従」と表現していることが多いが、時系列的には、訪れた二人の女性の言葉としてであったり、「とて」と、世間一般や通佛教界では「こういうふうに表現されてきたが」という、問題提起をしているとも読み取れる表現になってはいる。つまり、最初から差別を肯定する立場から表現されているのではないとも読み取れるのではあるが、世間一般にある歴史的差別や抑圧の前に、いったんはそれをそのまま受け入れ、「どのような不利・非道な立場にあろうとも、教法の前では……」と、現実的な解決は断念して、心理的な救済だけを説いているようにも思われる。

こうした傾向は、親鸞の場合は、当時の関東は開拓地で、「そのところの縁つきておはしましてそうらはば、いずれのところにても、うつらせたまいそうろうて、おはしますように御はからいそうろうべし」(『御消息集』)と言えたのだろうが、宗門が大きくなりすぎて、もはや移るべき土地の当てもないような状況下においては、宗門存続のための妥協として、内心に信を蓄えての、面従腹背というつもりであったのかもしれない。しかしその反面、平座や門徒一列を称えたはずの蓮如が、自ら「信証院」という院号を名のって、以後、歴代が院号を名のる先例を示したり、門徒を破門したり追放したりして、「御勘気をこうむる人は、往生不可ということ歴然たり」(『蓮如上人仰条条』)などと言わせてしまっていることからは、一人の人物像のなかに納まりきらない、多重な人格を演じていたかのようにすら思われる。

ただ、蓮如の「王法」ということばを、門徒大衆がどう受け止めていたのかということについ

見聞録《けんぶんろく》』には、「一向宗流布の国々は、一体人々の信心能く整い……加持・祈禱に心を寄せず。一向一心彌陀一佛一体に帰し極まりし処は他宗に抜群したる事」とあり、また、安芸《あき》の『芸藩通誌《げいはんつうし》』には、「親鸞宗を信ずるもの……その深く信ずるものは、家に神棚を置かず、病で祈禱せず……」とある。また、真宗門徒の密度が高い地方では、明治に一村一社制がひかれたあとも、戦前近くまで村に神社がなかったり、司直の目が届かない僻地《へきち》の部落などでは、各戸に神棚がないまま、戦後にいたったという事例もある。

天皇制軍国主義国家と真俗二諦論

文化・文政のころから、積極的な実践論理として、宗義としての真俗二諦が語られ、詳細に論じたものも現れて、俗諦を優先し、王法中心の真俗二諦と、その相依相資が主張されていたが、これが真宗開宗以来の「化風」＝「宗風」であると、とくに強調されだすのは明治維新前後からといわれ、日本の近代（天皇制軍国主義）国家の形成と無関係ではないといわれる。解釈の異なる諸説が論述されているが、存覚の二諦説を援用したものが多い。いくつか注目すべきものも指摘されているが、割愛し、いまは、清沢満之《きよざわまんし》だけを取り上げておく。

○清沢満之の真俗二諦

清沢の二諦説は、俗諦の教えは、どのような倫理であっても、完全に実行することはできないことを知らしめるのが目的であるという「否定的俗諦方便説」といわれるものである。

近代思想と西洋の哲学などを学んだ清沢は、従来の宗学用語を使わない新しい真宗理解を試み、本山事務改革を提唱して処分を受けたことなどもあるが、江戸時代の士族の生まれという体質からか、封建教学から完全に抜け出ることができたとはいいえない。清沢は、蓮如の真俗二諦論をそのまま継承し、その枠の中における近代的解釈を試み、信仰の優位性を唱えたが、差別は差別のままが即平等であるとする立場から有限差別の秩序を容認し、本来の帰謬論証的な方法論はまったく考慮されてもいない。そればかりか、明治の天皇制国家体制の倫理道徳観のなかで、教育勅語を絶賛するなど、時代の子としての呪縛から離脱することは果たしえなかったというしかない。

晩年には、我意・我欲の利己主義を否定し、宗教的生命の充実のなかで暖衣飽食を誡《いまし》め世俗的禁欲を実験したが、彼の後継者たちが選び取ったのは、戦争や現人神《あらひとがみ》天皇制に対して、積極的に奉賛・協力していく皇道真宗であった。

道徳を守るもよい、知識を求むるもよい、政治に関係するもよい、商売をするもよい、漁猟をするもよい、国に事ある時は銃を肩にして戦争に出かけるもよい、孝行もよい、愛国もよい、〔中略〕それで私は宗教的信念を得た者が、総ての世間のことに対する態度を、蓮如上人が「王法をもて本とし、仁義をさきとして世間通途の儀に準じて、当流安心をば内心にふかくたくはへて」と云はれたのは、最もありがたい規矩《きく》であると思ひます。真宗の俗諦の目的は如何なる点にあるか、其の実行の出来難い事を感知せしむるのが目的である。此は既に真諦の信心を得たる者に対すると、未だ信心を得ざる者に対するとの別はあれども、何れの場合にても、道徳的実行の出来難いことを、感知せしむる為と云ふ点に於いては同一である。

大師号と皇道真宗

明治政府は、天皇の名において、一八七六年（明治九年）、親鸞に「見真」の大師号を宣下した。これに対して、東西両派は、「今上天皇祖師聖人の徳を追ひ見真大師の号を諡し玉う。一紙の勅宣長く皇恩を荷ひ、二字の嘉号遠く祖徳を欽す。是に於て僧となく俗となく斉しく皇恩の深きを仰ぎ、（中略）仰いで期す、皇威に依り祖徳に頼り、……」（大谷派）、「一宗の面目遺弟の光栄、天恩謝する所なく候……」（本願寺派）と、最大の謝辞をのべ、体制への忠勤を誓っている。

承元の法難のなか「主上臣下、法に背き義に違し、忿を成し怨みを結ぶ」と、堂々と公文書をもって自らの正当なることを宣言した親鸞に、なにゆえに天皇の権威が必要であるというのか。懇願し拝跪《はいき》して授与された大師号は、真宗門徒にとっては「愚禿釋《しゃく》の親鸞」の名を奪い取る与奪の名となった。拝受した真宗教団は、現人神天皇の軍国主義国家に隷属し、文字どおりの皇道佛教の一員となり、皇道真宗であることを、勅額を掲げることで宣言していった。ただひとつの慰めは、大師号を受けながらも、親鸞の影像に色衣を着せなかったことである。このことは当時にあっても、それを堅固に守り抜いた人々があったということであろう。

　戦前戦中を通して、真宗教団は、おぞましいほど変節し、自ら親鸞を喪失し、あまつさえ誹謗《ひぼう》するかのごとき、戦時教学を称えた。そこでは、「天皇を「生き仏」として仰ぎ」（暁烏敏《あけがらすはや》）、「真宗の信心も念佛も、ひとえに天皇に帰一し奉仕するためのものである」（普賢大円《ふげんだいえん》）、「第十八願文の誹謗正法とは、国王の勅諭に随順しない叛逆罪のことである」（佐々木憲徳《ささきけんとく》）などと述べて、ひたすら国策に随順拝跪していった真宗教団と教学者たちの姿がある。彼らは、逆らうことのできない時代の流れのなかで、教団の存続のために、佛法を立てることをも放棄してしまったが、それは、戦争協力というより、むしろ積極的参戦であったのではないだろうか。

　大谷派の関係者のなかで、戦前戦時中に、戦争に異を唱えた僧侶がまったくいなかったわけではない。河野法雲《こうのほううん》・竹中彰元《たけなかしょうげん》・植木徹誠《うえきてつじょう》・訓覇信雄《くるべしんゆう》と、具体的に司直の手で投獄されたり、宗門から懲罰を受けたり、大学を追放されたりした人たちもいる。

　戦後、戦争協力などについては、宗門の代表者たちによって、その不見識などが、何度か表明・謝罪されているが、それらをもたらした、錯誤にもとづく真俗二諦論やそれによる戦時教学などについては、とくに自己批判する者も現れず、教団が信仰運動として総括したこともない。大谷派教団では、戦後の真人社運動のなかから、「宗風（僧風）の刷新」をスローガンに、同朋会《どうぼうかい》運動がはじまり、現在も継続実施されてはいるが、その同じ運動のなかで、「宗風」は、「刷新」から「習得」されねばならないものと言い換えられ、それがまた「回復」されねばならないものと再度改められてきた。同じ組織のひとつの運動のなかで、運動方針として、同じ「宗風」が、「刷新」され「習得」され「回復」されても、何の支障もなく継続していくところに教学はあるのだろうか。かつて、親鸞に背反した真俗二諦論を二諦相依相資の宗風といい、文字どおり命を懸けさせられたことが、言葉遊びのような操作で、安直に捨て去られるのだとしたら、社会内存在の思想集団としても、説明責任ひとつ果たさないままの、開き直りでしかない。

「見真」の勅額については、年々の宗議会でも、御影堂《ごえいどう》から降ろして別途展示などの請願が続けられているが、一八七九年（明治一二年）に厳如《ごんにょ》が、勅額下賜のお礼を述べた際に、「永遠祖堂に奉掲」と述べたためか、当局は、当時の宗門当事者の苦労をあげ、かけつづけることの弁解としている。

現在の御影堂の勅額は、親鸞七五〇回御遠忌（二〇一一年）にあたって、工事のためとはいえ、いったんは降ろされたものが、あらためて同じ場所に、かけ直されたものである。しかし、今回は、大師堂ではなく、同朋教団の御影堂に、われわれ一人ひとりの手で、かけ直してしまったのである。これはいうまでもなく、いまの時代の真宗門徒であるわれわれの信心が、娑婆世界のなかで拝跪させてくれる権威を必要としている、お粗末で、惨めで、情けない、おぞましいものでしかないということを現証している。われわれはなぜいま、あらためてわれわれの手でこの勅額をかけ直してしまったのであろうか。

真宗教団は、まもなく、親鸞聖人御誕生八五〇年、立教開宗八〇〇年を迎えようとしているが、一八八六年（明治一九年）の真宗大谷派「宗制寺法」の中には、「伝灯相承の正意を顕揚して立教開宗の本書を著す。すなわち教行信証文類なり。けだしその書たるや経論諸書の要文を類聚《るいじゅ》し、玄を探り幽を闡《ひら》きもって真俗二諦の宗義を大成せり。これ開宗の大旨なり」と、真俗二諦論は、立教開宗の根幹をなす、親鸞が大成した宗義であると規定した歴史的虚言がある。教団は、「おおせになきことをおおせ」としたまま、再度「立教開宗」を繰り返すつもりなのであろうか。

主な参考文献（一部引用もさせていただいています）
信楽峻麿『真宗シリーズ4／真宗教学史』法蔵館、二〇一一年
信楽峻麿『親鸞はどこにいるのか』法蔵館、二〇一五年
藤元正樹『宗教と国家…親鸞の真俗二諦論』藤元正樹刊行会

あとがき

「何とも、すごい人がいるんだなー」というのが、高校一年生の私が、落合さんに初めてお会いしたときの印象であった。あれから五〇年にもなるが、持論を展開される姿勢は、ますます磨きが

かかっておられるようである。過日、三〇年も前に書いた拙著のことで、お尋ねをいただき、少し意見を述べさせていただいていたら、いつの間にか、原稿を書く羽目に陥ってしまっていた。しかも、これまでに書いたことのないテーマでである。遠慮させてもらいたかったのだが、何分にも、もう一方には、これも二〇歳ごろから、ずっとご指導をいただいている伊勢谷《いせたに》師がおられ、さらに、拙著を出版してくださった伊香間《いこま》師までが絡んでいては、もう、虎と鬼と狼《おおかみ》に囲まれているようなもので、逃げようもなかったのである。

真俗二諦ということは、どこまでも原義に忠実に展開しないと、すぐに佛道の枠を越えてしまう、大きな陥穽《かんせい》を抱えている。佛教伝来の歴史とともに、それぞれの国々や時代における変化もあり、課題も多く、筋道がなかなか見えてこないという、厄介さももっている。本稿は、枚数の関係もあり、かなり短くまとめ直したために、乱暴な記述になったところもあり、多くの宿題を残してしまったように思う。

○日本では「佛《ぶつ》」について、親鸞は否定しているが、「ほとけ」という呼び方がある。ここにも、真諦は本来非対象であるのに、対象的な俗諦を出現させるだけでなく、佛道の枠を越えるような外道信仰が混入する一因があるのではないだろうか。

○罪福信仰をはじめ、生け花や茶の湯から武術などまでを「道」とする思想や「花鳥風月」。蓮如は、これらは日本人にとっては宗教になっていると指摘しているが、年月を経れば、虚偽が真に変わるわけではない。古い時代の建築物や様式、世俗的な権威や古色蒼然《こしょくそうぜん》たる貴族志向的な色彩や紋柄の衣装での儀式。これらのなかには、差別社会が生み出した要素が、内在してはいないのであろうか。

○真宗佛教にも、宗教である以上、儀式と荘厳は必要である。だが、それは、佛・菩薩の浄土荘厳そのものの具象化であるがゆえに、世界中どこででも、だれにでも可能なものでなければならないし、常に、より理に適うもの、本来のものへと志向しつづけている、信心し教学するという「現在進行形」の運動でなくてはならない。

あとがき

私はノンフィクションを書くことを仕事としてきました。この稿を書くきっかけとなったのは、三〇年ほどかけてバラバラに書きためていたものを「女たちの会」でひとつにまとめて講義したことでした。

私は、学問として仏教教義をまとまって勉強したことはありません。女が得度することもむずかしかった時代に生まれて、女が住職になることができない時代に、その人生の大半を過ごしました。もしいまのような時代であれば、約五〇〇年続いた真宗の寺の後継者として、私は間違いなく教学の勉強をしていたと思います。

ただひたすら資料を読みつづけるのはなじみの方法で、手慣れています。ただ、ただ、日本語になった経典を読む。伝統的な解釈やたくさんの方々が積み上げてこられた地平を無視して、女の立場を貫いたことは、あるいは、読んでくださる方々を傷つける結果になったかもしれません。しかし、私の年齢を考えても、もう後はないかもしれないと思われ、「もう躊躇《ちゅうちょ》している時間はないぞ」と夫に叱咤《しった》され、意を決しました。

ほんとうは、女の目で経典を読んでくださる本格的な方々が育ってほしいと、心から念じています。

拙《つたな》い原稿を読んで、ご指導いただいた方々。とくに、適切なアドバイスをいただいた伊勢谷功さんと伊勢谷邦子さん、それに北陸聞法道場の方々。なかでも比後孝さんには、たくさんの具体的な指導をいただきました。彼は、ヒンドゥーと仏教のかかわりについては教団に並ぶ人のいない知識の持ち主です。

それから、伊香間祐學先生にお目にかかったことで、最後の一章を書き上げるというご縁をいただき、心より感謝します。その他、ご迷惑がかかることを恐れてお名前を出す決心がつかない方々、また、尾畑潤子さんほか、励ましてくださった女たちの会のみなさん、そして、お世話いただいた日野範之さん、途中に何度も励ましていただいた本願寺派の菅原龍憲さん、直接アドバイスいただいた『マヌの法典』の研究者の方々、たくさんの適切な資料を次々と用意してくれた夫、治夫に心より感謝いたします。

また、補論としてまとめていただいた二つの論文は、宗門に関係のある方々やプロの研究者のためのものです。

はじめの部分は、伊勢谷功先生による、大谷派のご門徒向けの冊子『現代の聖典』への強い懸念をまとめたものです。改訂への願いは、事情を知る私たちの共通の気持ちです。

また、最後の比後孝先生の「真俗二諦論」は、いまとても大切な問題です。教団が、現実に生きて存在する社会のさまざまな問題にはほとんど関心を表さず、ただひたすら内向きな議論に終始することを批判されたときに、常に使われる「言い訳」がこの真俗二諦です。「真諦」は「俗諦」にかかわらず、つまり、信仰を語る立場は世間の問題にかかわらないという僧職の原則があるという立場です。

信を貫くことで流罪になった親鸞聖人を宗祖と仰ぐ真宗教団にしては、腰の抜けた言い訳だと思うのは私だけではありません。しかし私が論述するには、あまりに専門的な考察を必要とするので、とても私の任ではありません。比後孝先生にお願いしました。プロの研究者に向けたものとして、ここにしっかりと論述してあります。読者のなかでも教学を志す方々、すでに学問として取り組んでおられる方々にぜひ読んでいただきたいと思います。のちに増補して、ぜひ一冊の研究書として上梓《じょうし》されることを願っています。

最後に、読者の目で丁寧なアドバイスをいただき、辛抱強く待っていただいた解放出版社の小橋一司さんに心より感謝して、あとがきといたします。

本文の最後に配した註について。単なる註を超えて、本文に入れると筋書きが煩雑になり、わかりにくくなるものも、広く註としてまとめました。本文の続きとして、ぜひ読んでいただきたいと思います。

落合誓子

二〇一七年一〇月三一日

落合誓子（おちあい・せいこ）
1946年、石川県生まれ。京都女子大学短期大学部国語科卒業。ルポルタージュライター・作家、真宗大谷派乗光寺坊守。著書に『貴族の死滅する日——東本願寺十年戦争の真相』（晩聲社、1979年）『女たちの山——シシャパンマに挑んだ女子隊９人の決算』（山と渓谷社、1987年）『コウちゃんの保育園——いま、保育園はどうなっているのか？』（JICC出版局・現宝島社、1982年）『男と女の昔ばなし』（JICC出版局、1981年）。編著に『原発がやってくる町——『トリビューン能登』より』（すずさわ書店、1992年）、共著に『親鸞は生きている』（現代評論社、1980年）。小説に『バッド・ドリーム——村長候補はイヌ!?　色恋村選挙戦狂騒曲」（自然食通信社、2009年）がある。

伊勢谷 功（いせたに・いさお）
1940年生まれ。大谷大学文学部卒業。元修練道場指導・元真宗大谷派宗議会議員、真宗本廟教化教導・同朋会館教導、真宗大谷派常願寺住職。

比後 孝（ひご・たかし）
1949年、石川県生まれ。大谷大学文学部、同大学院で、真宗学を専攻。元・真宗大谷派教区駐在教導。現・同朋会館教導、高田教区真宗学院指導、真宗大谷派大泉寺住職。

女たちの「謀叛」——仏典に仕込まれたインドの差別

2017年12月10日　初版第１刷発行
2017年12月25日　初版第２刷発行

著者　**落合誓子**

発行　**株式会社 解放出版社**
大阪市港区波除4-1-37 HRCビル３階 〒552-0001
電話 06-6581-8542　FAX 06-6581-8552
東京営業所
東京都千代田区神田神保町2-23 アセンド神保町３階 〒101-0051
電話 03-5213-4771　FAX 03-3230-1600
郵便振替 00900-4-75417　HP http://www.kaihou-s.com/

印刷　萩原印刷

ISBN978-4-7592-5312-2　NDC180　270P　19cm

障害などの理由で印刷媒体による本書のご利用が困難な方へ

本書の内容を、点訳データ、音読データ、拡大写本データなどに複製することを認めます。ただし、営利を目的とする場合はこのかぎりではありません。

また、本書をご購入いただいた方のうち、障害などのために本書を読めない方に、テキストデータを提供いたします。

ご希望の方は、下記のテキストデータ引換券（コピー不可）を同封し、住所、氏名、メールアドレス、電話番号をご記入のうえ、下記までお申し込みください。メールの添付ファイルでテキストデータを送ります。

なお、データはテキストのみで、写真などは含まれません。

第三者への貸与、配信、ネット上での公開などは著作権法で禁止されていますのでご留意をお願いいたします。

あて先

〒552-0001 大阪市港区波除4-1-37 HRCビル3F 解放出版社
『女たちの「謀叛」』テキストデータ係

テキストデータ引換券
『女たちの「謀叛」』
5312